Anna Kistler / Stefanie Schneider

Rechnen ohne Stolperstein

Band 3B

Zahlenraum bis 100
mit Zehnerübergang

Arbeitsheft / Fördermaterial

Cornelsen

Anna Kistler ist Sozialpädagogin, Diplom-Pädagogin und Sonderschullehrerin mit Montessori-Diplom.
Stefanie Schneider ist Sonderschullehrerin mit Montessori-Diplom, Schulpsychologin und Dyskalkulie-therapeutin.
Beide verfügen über langjährige Berufserfahrung und arbeiten in Diagnose- und Förderklassen sowie im Mobilen Sonderpädagogischen Dienst an Grundschulen.

Projektleitung: Amira Sarkiss
Redaktion: Sabine Müthing, Castrop-Rauxel
Umschlagillustration und Illustration: Kristina Klotz, München
Umschlaggestaltung: Corinna Babylon, Berlin
Technische Umsetzung: PrePress-Salumae.com, Kaisheim; LemmeDESIGN, Berlin

www.cornelsen.de

2. Auflage, 3. Druck 2023

Druck: H. Heenemann, Berlin

ISBN 978-3-589-15988-8

PEFC/04-31-1156

PEFC zertifiziert
Dieses Produkt stammt aus nachhaltig bewirtschafteten Wäldern und kontrollierten Quellen.
www.pefc.de

Inhaltsverzeichnis

Vorbemerkungen

Die Gesetzmäßigkeiten der Mathematik eignen sich hervorragend zum eigenen Entdecken. Die Darbietung des Unterrichtsstoffes in Schulbüchern bietet Kindern mit Schwierigkeiten beim Rechnen aber in der Regel zu wenig Struktur. Damit auch Kinder mit Problemen zum Nachdenken ermutigt werden, müssen Beispiele angeboten werden, die überschaubar sind, sich in Zahlenräumen bewegen, die für die Kinder erfassbar sind, und besondere Schwierigkeiten gesondert thematisieren. Kinder können so ihr Vorwissen aktivieren und auf höhere Zahlenräume übertragen.

Eltern und Lehrkräfte nehmen oft Probleme beim Erlernen des Rechnens nicht wahr, die für Kinder zum Stolperstein werden können. Im numerischen Bereich stolpern viele Kinder beim Übergang vom konkret-anschaulichen zum abstrakten Rechnen. Das Zählen mit den Fingern oder „Rechendrill" helfen da nicht weiter. Mit der Verwendung der Mengenbilder in Zweieranordnung, die sehr einprägsam ist, wird den Kindern eine „Brücke" zur Abstraktion geboten. Ihr abstraktes Denken wird durch anschauliche Mengenbilder unterstützt und geprägt, mit denen sie dann zu „wirklichen" mathematischen Operationen (nicht zum Dazuzählen mit den Fingern etc.) fähig sind. Zudem eignen sich diese Mengenbilder dazu, den erweiterten Zahlenraum in unserem Dezimalsystem auf anschauliche Weise aufzubauen.

Durch die **Zweieranordnung** der Mengen können besondere Schwierigkeiten wie z. B. die Zehnerübergänge anschaulich dargestellt werden. Die Ursprünge der Zweieranordnung gehen auf Kühnel in den Zwanzigerjahren zurück.[1] Die „Formzahlbilder" wurden von Prof. Dr. Schröter erprobt.[2]

Eine weitere Hilfe ist es, jede Menge mit einem einprägsamen **„Standard"** (Margarita Wittoch) zu verbinden, an den sich ein Thema anschließt (z. B. Thema „Spielen" bei der Menge 5 in Anlehnung an den Standard „Hand"). In den höheren Zahlenräumen werden Themen verwendet, die im Unterricht gezielt bei der Einführung eines neuen Lernschritts zum Entdecken durch Handeln anregen sollen.

Auch der **immer gleiche Aufbau der Mengen und Übungsformen** kommt Kindern mit Rechenproblemen entgegen. Er ermöglicht es ihnen, die Aufmerksamkeit innerhalb der einzelnen Lernschritte auf Inhalte zu richten. Sie können so im eigenen Tempo, relativ selbstständig, im Stoff voranschreiten.

In dem vorliegenden Band werden diese Hilfen konsequent eingesetzt.

---

[1] Vgl. KÜHNEL, J. (1922): Neubau des Rechenunterrichts, Leipzig (Klinkhardt)
[2] Vgl. SCHRÖTER, G. (1989): Mathematik in der Grundschule – Die Methode der Formzahlbilder, Regensburg (Wolf)

Ausgewählte weiterführende Literatur

ABELE, A.; KALMBACH, H. u. a. (1993): Handbuch der Grundschulmathematik. 1. und 2. Schuljahr. Stuttgart
ASTER, M. v.; LORENZ, J. H. (Hrsg.) (2005): Rechenstörungen bei Kindern. Göttingen (Vandenhoek & Ruprecht)
DIMIDI – Deutsches Institut für medizinische Dokumentation und Information (Hrsg.) (1994)
FRITZ, A.; RICKEN, G.; SCHMIDT, S. (Hrsg.) (2003): Rechenschwäche. Weinheim, Basel, Berlin (Betz)
GANSER, B. (Hrsg.) (1995): Rechenstörungen (1. Aufl.). Donauwörth (Auer)
GANSER, B. (Hrsg.) (2004): Rechenstörungen (5. überarb. Aufl.). Donauwörth (Auer)
GERSTER, H.-D. (1982): Schülerfehler bei schriftlichen Rechenverfahren. Freiburg (Herder)
GRISSEMANN, H.; WEBER, A. (1990): Grundlagen der Praxis der Dyskalkulietherapie. Stuttgart (Huber)
ICD-10, Internationale statistische Klassifikation der Krankheiten und verwandter Gesundheitsprobleme. Bd. 1. Stand August 1994. Bern (Huber), S. 387.
KÜHNEL, J. (1922): Neubau des Rechenunterrichts. Leipzig (Klinkhardt)
LORENZ, J. H.; RADATZ, H. (1993): Handbuch des Förderns im Mathematikunterricht. Hannover (Schroedel)
SCHRÖTER, G. (1989): Mathematik in der Grundschule – Die Methode der Formzahlbilder, Regensburg (Wolf)

Hinweise zur Arbeit mit Band 3A und 3B

Auch in diesem Zahlenraum ist es wichtig und möglich, konkret zu handeln. Die übergeordneten Themen ermöglichen es, mit etwas mehr Aufwand vielfältige Spielsituationen zu schaffen, in denen die Kinder mathematische Strukturen wie zum Beispiel das Stellenwertsystem erkennen können. Das Rechnen bis Hundert ist von zentraler Bedeutung, da auch alle folgenden Zahlenräume (Tausend, Million, Milliarde ...) sich in Hunderter, Zehner und Einer untergliedern.

Die einzelnen Kapitel in diesem Band unterteilen sich dabei nach der jeweiligen Veränderung bei Einern und Zehnern (z. B. „Die Einer ändern sich“, „Zehner und Einer ändern sich“). Durch die Vorwegnahme der „Sonderfälle“ („Einer ändern den Zehner“) wird der Zehnerübergang erleichtert im Sinne der Isolierung der Schwierigkeit. „Rechnen ohne Stolperstein“ ist für Kinder konzipiert, denen das Rechnen schwerfällt. Deshalb ist es wichtig, so vorwärts zu gehen, dass sich die Kinder in überschaubaren Schritten mit neuen Inhalten beschäftigen und diese mit bereits bekannten Strukturen verbinden können.

Die Zehnerbündelung wird wie in Band 2B durch „Schachteln“ symbolisiert. Die Mengendarstellung in Zweieranordnung aus den ersten beiden Bänden wird auf die Zehnerzahlen übertragen. Die „Gestalt“ der (Zehner-) Menge bleibt erhalten, kann übertragen und auf einen Blick erkannt werden. Eine weitere Hilfe bei der in der deutschen Sprache widersprüchlichen Benennung und Notierung der Zahlen (Zehner/Einer-Inversion) stellt die Farbgebung der Rechenplättchen dar (Einer blau, Zehner rot, Hunderter grün). Diese zeichnerische Darstellung ermöglicht eine relativ große Anschaulichkeit auf der symbolischen Ebene. Auf diese wird bei jedem neuen Lernschritt zurückgegriffen.

Eine weitere Strukturierungshilfe ist die Anwendung der bereits bei den vorausgegangenen Zahlenräumen verwendeten Verbalisierung in Verbindung mit Platzhaltern für die zu notierende Gleichung.

64	+ 5	= 69
Wie viele sind am Anfang da?	Was passiert? **Wo passiert es?**	Wie viele sind es am Schluss?

Im komplexeren Zahlenraum bis Hundert ist es wichtig, nicht nur zu fragen „Was passiert?“, sondern auch „Wo passiert es?“. Damit wird das Augenmerk auf Zehner und Einer gerichtet, Analogien zum Bereich bis 10 bzw. 20 werden deutlich. So erhalten die Kinder die Möglichkeit, komplexe Inhalte selbst zu gliedern und für sich zu entzerren.

Sehr deutlich wird das Stellenwertsystem durch das Notieren der Aufgaben untereinander. Besonders Kinder mit Rechenschwierigkeiten, denen es bereits in diesem Zahlenbereich schwerfällt, ohne Anschauungsmaterial zu arbeiten, können so leichter abstrakt rechnen. Deshalb haben wir diese Art der Notation bereits in den Band 3A aufgenommen.

Auch in diesem Band sind anspruchsvollere Aufgaben enthalten, die die Kinder dazu anregen sollen, selbstständig Lösungswege zu finden oder „günstig“ zu rechnen. Als Abrufhilfe für die Kinder haben wir die bekannten Symbole aus den vorherigen Bänden beibehalten.

Rechnen mit den „Drei Freundinnen“[3] (Teile-Ganzes-Rechnen)

Teile-Ganzes-Rechnen erleichtert den Kindern das Lösen von Gleichungen. Um das Ganze für die Kinder anschaulich zu gestalten, verwenden wir das Bild von drei Freundinnen bzw. von drei Freunden, die zusammengehören.

<u>Beispiel: Freundinnen-Aufgaben mit den Zahlen **8** / 5 / 3</u>
Analoge Aufgabenbildung im Zahlenraum 100

Mit diesen drei Zahlen können Gleichungen erstellt werden:

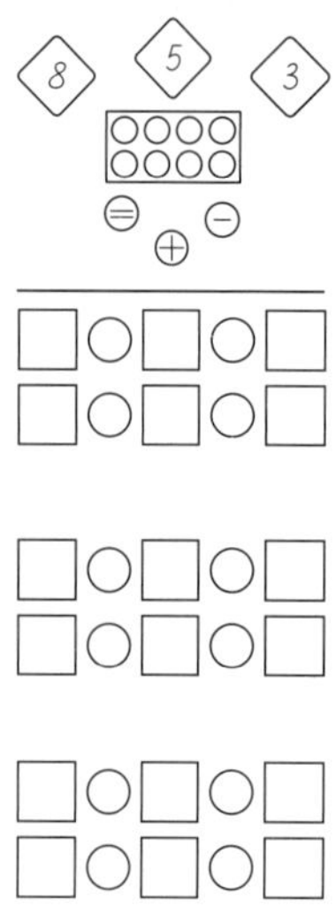

3 + 5 = **8**
5 + 3 = **8**

8 – 3 = 5
8 – 5 = 3

8 = 3 + 5
8 = 5 + 3

Es gibt in jeder Gleichung eine große Freundin (hier die **8**) und zwei kleine Freundinnen (hier 3 und 5).

Hierbei wird deutlich, dass
- bei **Plusaufgaben** die große Freundin immer hinten steht,
- bei **Minusaufgaben** die große Freundin immer vorn steht,
- beim **Zerlegen** die große Freundin immer vorn steht.

Die Kontrolle erfolgt über das Legen mit Plättchen.

Bei der Lösung müssen die Kinder folgende Fragen klären:
1. Was passiert (plus, minus oder zerlegen)?
2. Wo ist die große Freundin?
3. Welche Freundin fehlt?

Das **Ergänzen** als schwierige Platzhalteraufgabe (im Beispiel: 3 + ☐ = 8) wird eine Plusrechnung (die kleine Freundin 5 fehlt).

[3] In den Arbeitsblättern werden beide Geschlechterformen im Wechsel eingesetzt. In den Erläuterungen zu diesem Aufgabentyp wird zugunsten einer besseren Lesbarkeit nur die weibliche Form benutzt.

Hinweise zum Umgang mit den Rechenplättchen

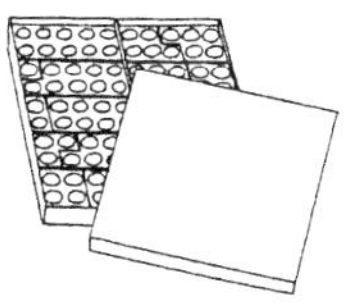

Zu „Rechnen ohne Stolperstein“ gibt es strukturiertes Rechenmaterial („Rechenplättchen“, ISBN: 978-3-87101-496-3), das die Kinder beim Lernen unterstützt. Es folgen nun einige Hinweise zum Einsatz dieser Rechenplättchen:

Dem Einsatz der Rechenplättchen müssen konkrete Handlungen aus dem Erfahrungsbereich der Kinder vorausgehen. Besonders bei jedem neuen Rechenschritt sollte konkret gehandelt werden. Anregungen hierzu finden sich in den Einführungen der Rechenhefte, z. B. das Thema „Die sieben Zwerge“ bei der Zahl 7.

Auch und besonders im komplexeren Zahlenraum bis 100 ist Handlung zur Veranschaulichung und Verankerung wichtig. Das Legen mit den Plättchen erfolgt analog zur Arbeitsweise im Zahlenraum bis 10 bzw. 20.

Die Zehnerzahlen werden unter Beibehaltung der Zweieranordnung ausgelegt. Aufgrund gestaltpsychologischer Gesetze kann auch diese Menge durch ihre Anordnung sofort und ohne Zählen erkannt werden, wie die Mengen bis 10.

Addition:
Eine neue Menge entsteht durch das Zusammenschieben zweier Plättchen und im Falle der Addition von Zehnern durch das Hinzulegen der Zehner des zweiten Summanden. Sowohl Zehner als auch Einer werden so gelegt, dass bei der Summe die Gestalt der Zweieranordnung erhalten bleibt. Der Zehnerübergang erfolgt analog zum Zahlenraum bis 20.

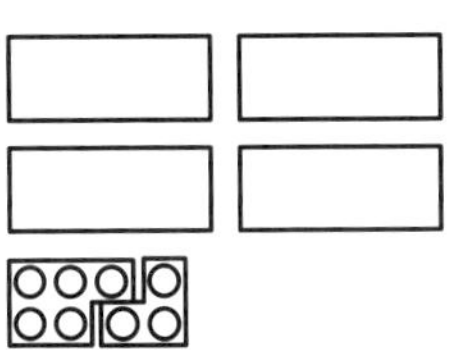

45 + 3

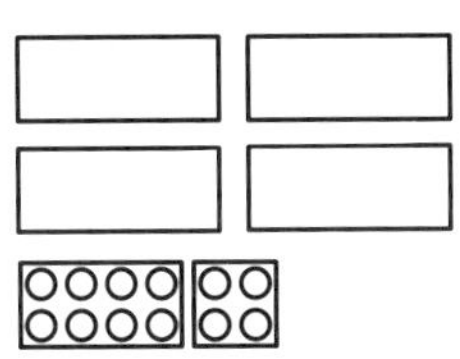

48 + 4

Subtraktion:
Die Ausgangsmenge wird mit Plättchen gelegt. Die Einermenge, die abgezogen werden soll, wird mit der jeweiligen Minusfolie oder dem entsprechenden Plättchen abgedeckt. Ganze Zehner werden weggenommen, dabei soll die Gestalt der Zweieranordnung erhalten bleiben. Der Zehnerübergang erfolgt analog zum Zahlenraum bis 20.

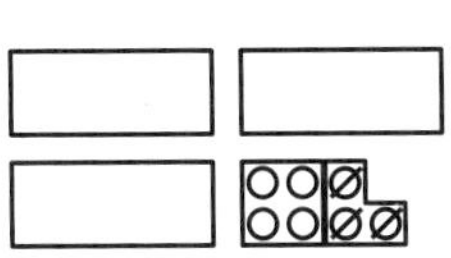

37 – 3

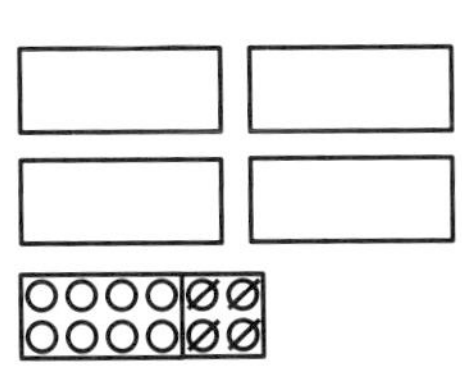

52 – 4

Platzhalteraufgaben:
Zur Lösung von Platzhalteraufgaben in diesem Zahlenraum empfehlen wir das Gleichheitszeichen (=) in den Fokus zu stellen. Rechts und links des Gleichheitszeichens (=) muss gleich viel sein. In diesem Zusammenhang verweisen wir auf die Aufgaben mit den „Drei Freundinnen“.

Weitere Informationen und Materialien, insbesondere zahlreiche Rechenspiele, finden Sie auf der Webseite: *www.rechnen-ohne-stolperstein.de*

Die Einer machen den nächsten Zehner voll!

100

Sonderfälle 1
ZE ⊕ E = Z

43 + 7 = ☐☐

56 + 4 = ☐☐

31 + 9 = ☐☐

62 + 8 = ☐☐

25 + 5 = ☐☐

77 + 3 = ☐☐

94 + 6 = ☐☐

Fülle den nächsten Zehner auf!

71 + 9 = ☐☐

27 + 3 = ☐☐

46 + 4 = ☐☐

39 + 1 = ☐☐

82 + 8 = ☐☐

45 + 5 = ☐☐

67 + 3 = ☐☐

54 + 6 = ☐☐

Kistler/Schneider: Rechnen ohne Stolperstein, Band 3B. Illustrationen: Kristina Klotz

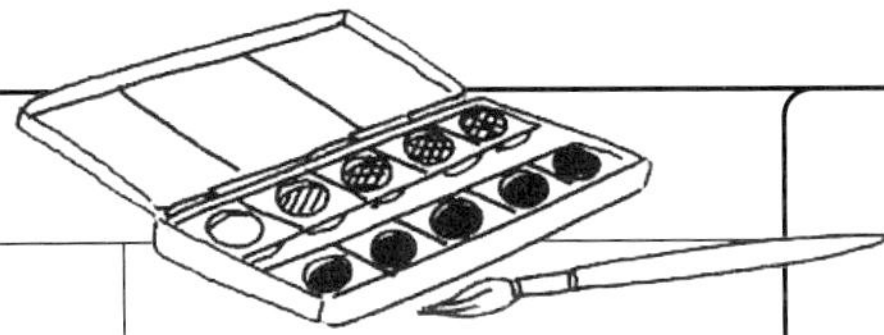

Wird der nächste Zehner voll?

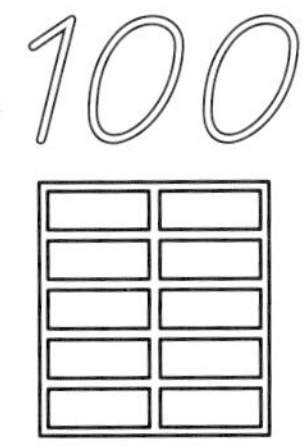

Sonderfälle 1
ZE ⊕ E = Z

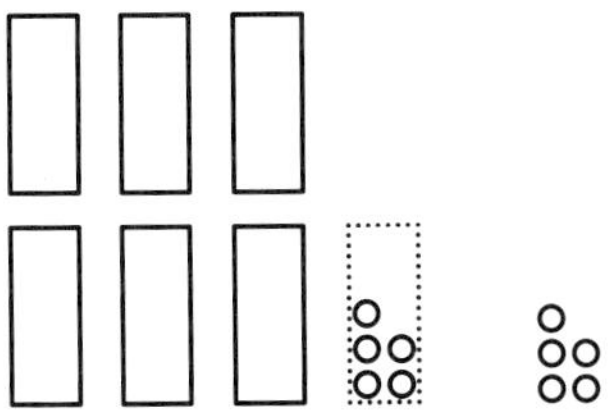

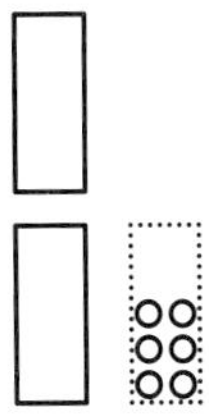

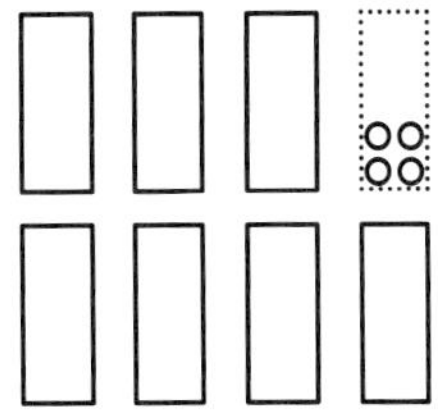

65 + 5 = ☐☐	26 + 4 = ☐☐	74 + 6 = ☐☐

52 + 8 = ☐☐	31 + 38 = ☐☐	61 + 24 = ☐☐	72 + 24 = ☐☐	54 + 32 = ☐☐
73 + 7 = ☐☐	23 + 7 = ☐☐	61 + 9 = ☐☐	47 + 42 = ☐☐	36 + 4 = ☐☐
35 + 43 = ☐☐	42 + 8 = ☐☐	25 + 44 = ☐☐	55 + 5 = ☐☐	23 + 56 = ☐☐
41 + 9 = ☐☐	81 + 9 = ☐☐	26 + 72 = ☐☐	41 + 58 = ☐☐	36 + 62 = ☐☐
53 + 34 = ☐☐	11 + 81 = ☐☐	65 + 23 = ☐☐	74 + 13 = ☐☐	98 + 2 = ☐☐☐
84 + 6 = ☐☐	63 + 24 = ☐☐	61 + 17 = ☐☐	24 + 6 = ☐☐	48 + 31 = ☐☐

Fehlersuche: Streiche falsche Aufgaben aus. Trage Buchstaben der richtigen Aufgaben unten ein.

F: 28 + 2 = 30	R: 50 + 49 = 99
L: 75 + 23 = 98	O: 67 + 3 = 71
O: 69 + 1 = 70	E: 89 + 1 = 90
D: 72 + 8 = 60	C: 72 + 21 = 93
T: 54 + 25 = 79	H: 26 + 4 = 30
T: 7 + 8 = 15	M: 43 + 7 = 36
K: 47 + 3 = 51	N: 55 + 5 = 60
G: 41 + 9 = 50	E: 93 + 7 = 100
E: 66 + 11 = 77	T: 62 + 26 = 88

Lösungssatz:

☐☐☐☐☐

☐☐☐☐☐☐☐☐☐ !

⊕ Plusaufgaben kannst du auch so aufschreiben:

100

Sonderfälle 1
ZE ⊕ E = Z

	Zehner	Einer
	2	9
		1
⊕	1	
⊜		0

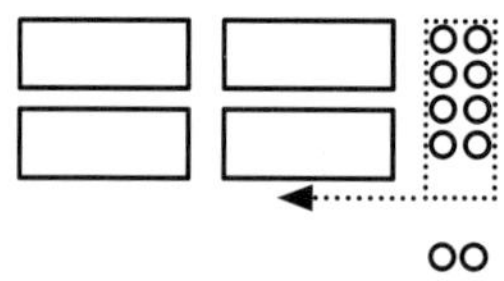

	Zehner	Einer
	4	8
		2
⊕		
⊜		

Ein Zehner wird voll! Rechne.

	Zehner	Einer
	3	8
		2
⊕		

	Zehner	Einer
	3	6
		4
⊕		

	Zehner	Einer
	7	9
		1
⊕		

	Zehner	Einer
	2	5
		5
⊕		

	Zehner	Einer
	8	7
		3
⊕		

	Zehner	Einer
	6	9
		1
⊕		

	Zehner	Einer
	1	3
		7
⊕		

	Zehner	Einer
	5	2
		8
⊕		

	Zehner	Einer
	3	7
		3
⊕		

	Zehner	Einer
	7	5
		5
⊕		

Kistler/Schneider: Rechnen ohne Stolperstein, Band 3B. Illustrationen: Kristina Klotz

100

Sonderfälle 1
Z ⊖ E

Der letzte Zehner wird aufgemacht! Rechne.

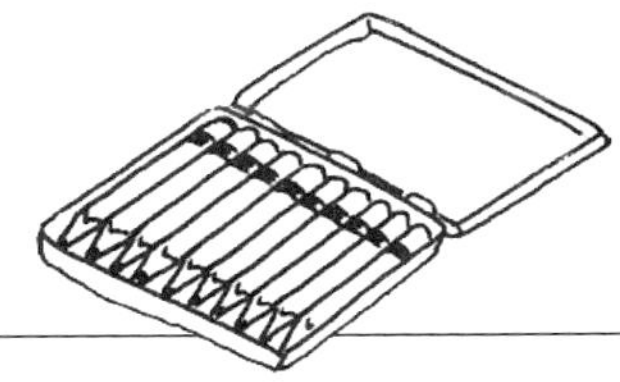

40 − 3 = ☐☐	30 − 6 = ☐☐	70 − 1 = ☐☐	
90 − 5 = ☐☐	60 − 2 = ☐☐	80 − 4 = ☐☐	50 − 7 = ☐☐

Mache eine Zehnerschachtel auf und streiche weg!

40 − 5 = ☐☐	50 − 8 = ☐☐	90 − 6 = ☐☐	70 − 2 = ☐☐
50 − 2 = ☐☐	40 − 1 = ☐☐	60 − 3 = ☐☐	50 − 9 = ☐☐

Wird der letzte Zehner aufgemacht?

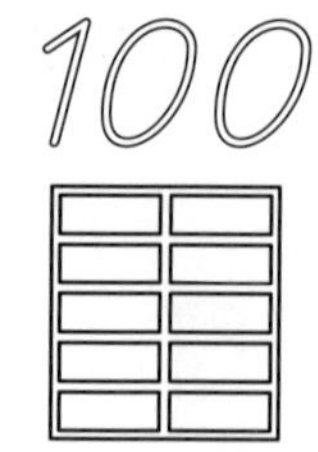

Sonderfälle 1
Z ⊖ E

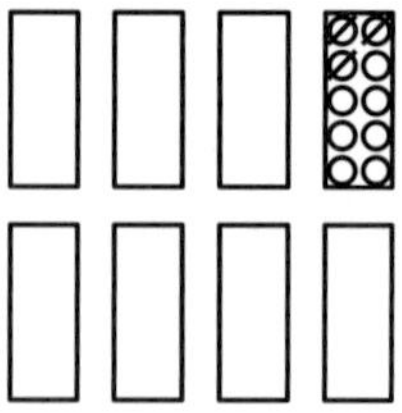

80 − 3 = ☐☐

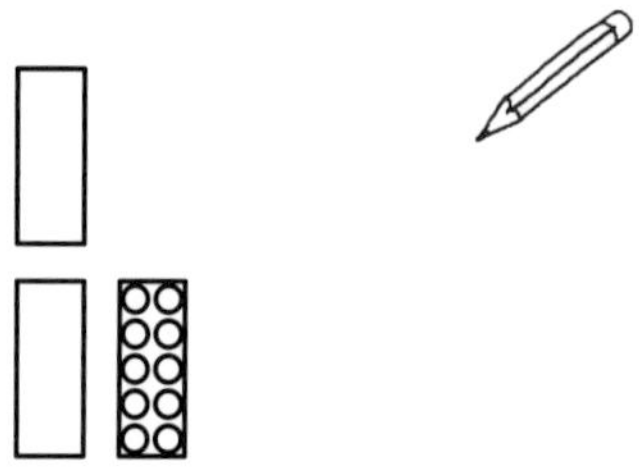

30 − 5 = ☐☐

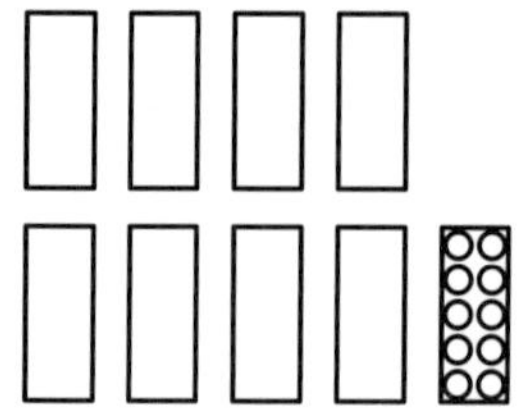

90 − 7 = ☐☐

40 − 4 = ☐☐	78 − 41 = ☐☐	44 − 31 = ☐☐	45 − 34 = ☐☐	59 − 35 = ☐☐
37 − 13 = ☐☐	90 − 3 = ☐☐	98 − 73 = ☐☐	30 − 7 = ☐☐	20 − 8 = ☐☐
30 − 2 = ☐☐	89 − 52 = ☐☐	50 − 3 = ☐☐	35 − 31 = ☐☐	79 − 57 = ☐☐
66 − 42 = ☐☐	60 − 8 = ☐☐	38 − 22 = ☐☐	75 − 41 = ☐☐	70 − 7 = ☐☐
80 − 6 = ☐☐	99 − 64 = ☐☐	56 − 55 = ☐☐	60 − 4 = ☐☐	48 − 35 = ☐☐
50 − 5 = ☐☐	40 − 9 = ☐☐	100 − 1 = ☐☐	76 − 51 = ☐☐	84 − 34 = ☐☐

Rechne mit dem Zehnertrick!

70 − 9 = ☐☐

70 ⊖ 10 ⊕ 1

50 − 8 = ☐☐

☐☐ ⊖ ☐☐ ⊕ ☐☐

100 − 9 = ☐☐

☐☐☐ ⊖ ☐☐ ⊕ ☐☐

90 − 8 = ☐☐

☐☐ ⊖ ☐☐ ⊕ ☐☐

60 − 9 = ☐☐

☐☐ ⊖ ☐☐ ⊕ ☐☐

30 − 8 = ☐☐

☐☐ ⊖ ☐☐ ⊕ ☐☐

80 − 9 = ☐☐

☐☐ ⊖ ☐☐ ⊕ ☐☐

40 − 8 = ☐☐

☐☐ ⊖ ☐☐ ⊕ ☐☐

Kistler/Schneider: Rechnen ohne Stolperstein, Band 3B. Illustrationen: Kristina Klotz

⊖ Minusaufgaben kannst du auch so aufschreiben:

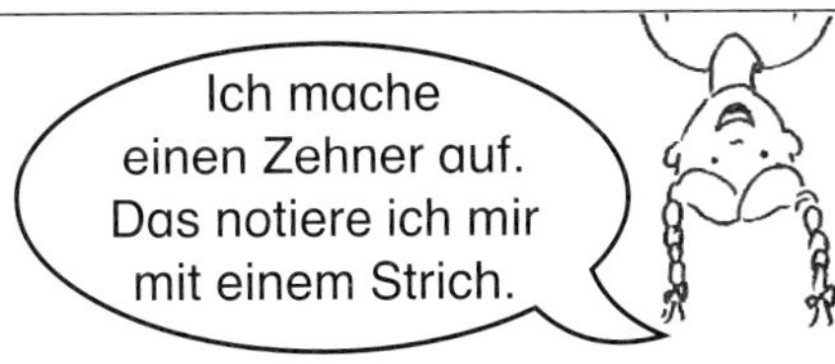

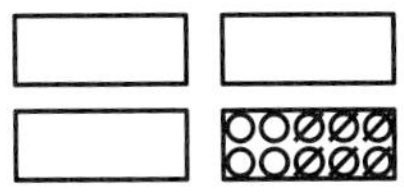

	Zehner	Einer
	4	0
	|	
⊖		6
⊜		

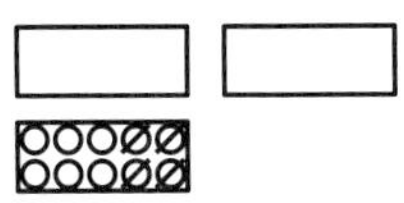

	Zehner	Einer
	3	0
	|	
⊖		4
⊜		

Übe weiter und lege mit Plättchen!

	Zehner	Einer
	7	0
	|	
⊖		6

	Zehner	Einer
	9	0
	|	
⊖		5

	Zehner	Einer
	5	0
	|	
⊖		8

	Zehner	Einer
	6	0
	|	
⊖		7

	Zehner	Einer
	8	0
⊖		2

	Zehner	Einer
	4	0
⊖		9

	Zehner	Einer
	9	0
⊖		8

	Zehner	Einer
	7	0
⊖		9

Was passiert? Achte auf ⊕ und ⊖ !

100

Sonderfälle 1

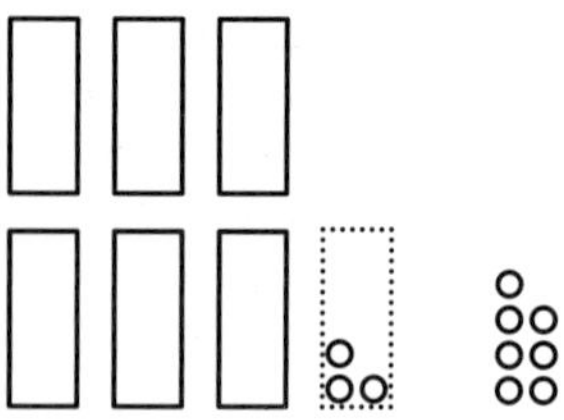

63 + 7 = ☐

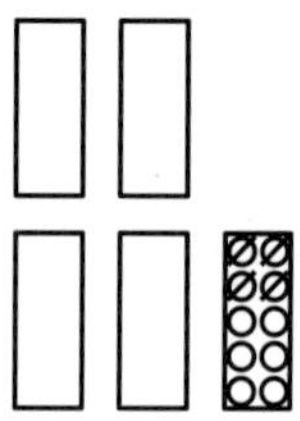

50 − 4 = ☐

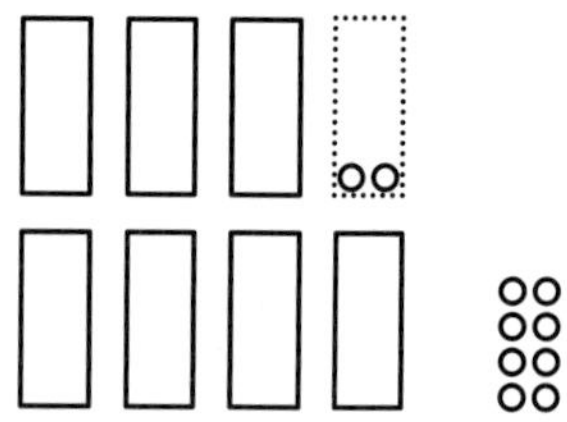

72 + 8 = ☐

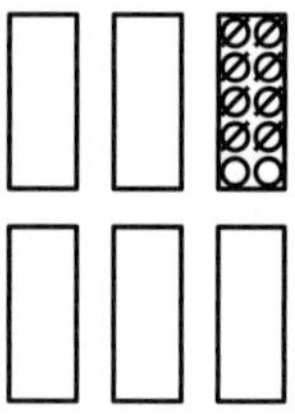

60 − 8 = ☐

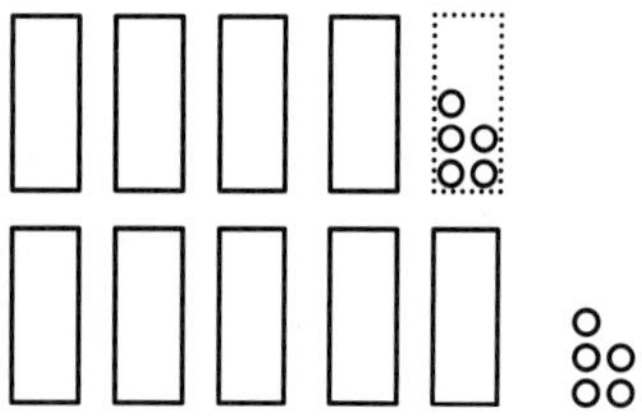

95 + 5 = ☐

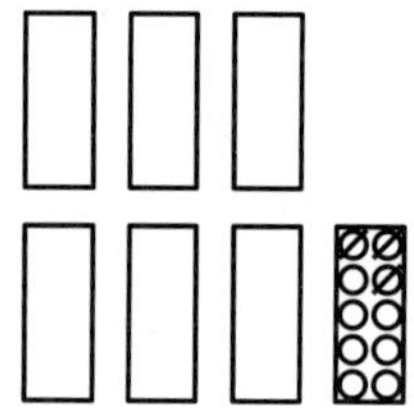

70 − 3 = ☐

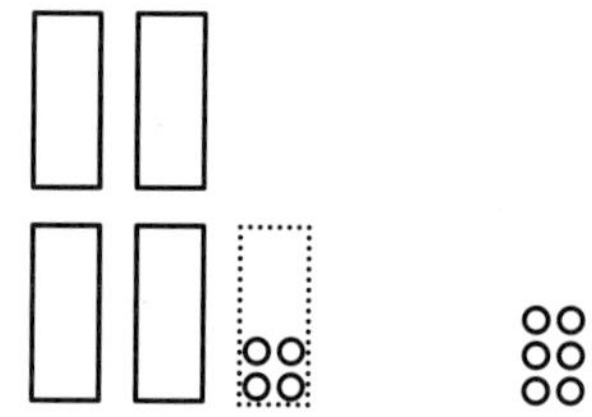

44 + 6 = ☐

Wie heißt die Rechnung?

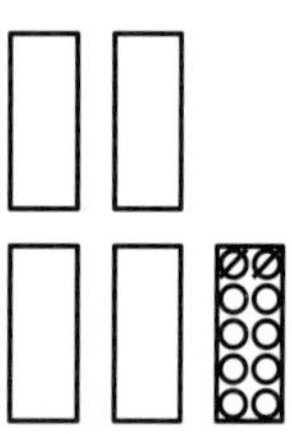

50 − 2 = ☐

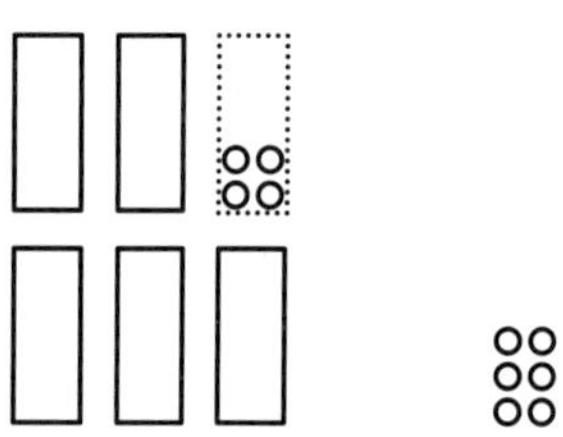

☐ ○ ☐ ○ ☐

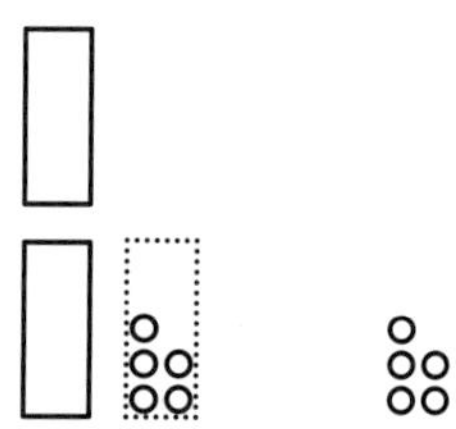

☐ ○ ☐ ○ ☐

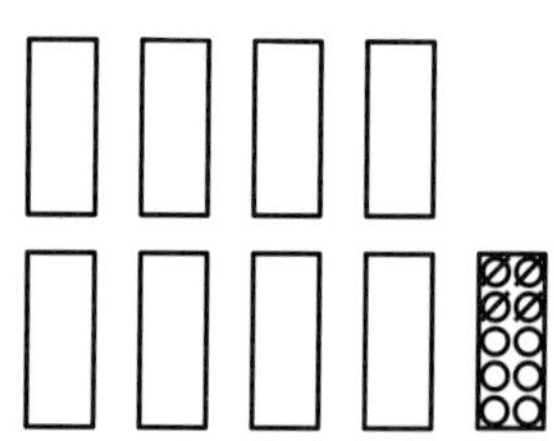

☐ ○ ☐ ○ ☐

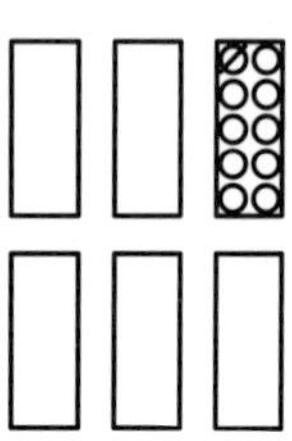

☐ ○ ☐ ○ ☐

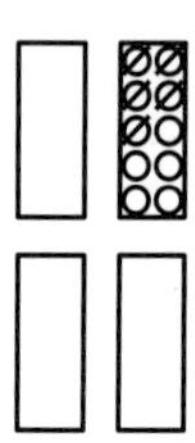

☐ ○ ☐ ○ ☐

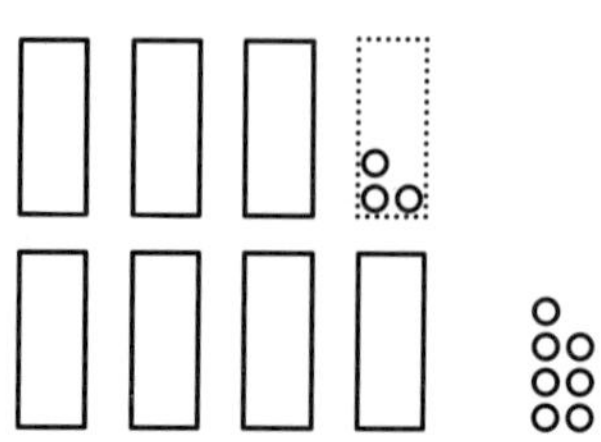

☐ ○ ☐ ○ ☐

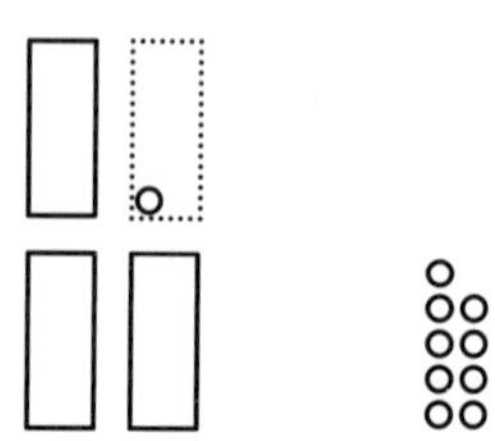

☐ ○ ☐ ○ ☐

Kistler/Schneider: Rechnen ohne Stolperstein, Band 3B. Illustrationen: Kristina Klotz

100

Gemischte Aufgaben

Hier musst du gut aufpassen! Rechne.

75 − 5 = ☐☐	95 − 40 = ☐☐	42 + 5 = ☐☐	40 + 20 = ☐☐
51 + 9 = ☐☐	49 − 4 = ☐☐	44 + 25 = ☐☐	60 − 6 = ☐☐
52 − 1 = ☐☐	33 + 7 = ☐☐	34 − 12 = ☐☐	30 + 40 = ☐☐
7 + 9 = ☐☐	41 + 20 = ☐☐	60 − 10 = ☐☐	69 − 51 = ☐☐
48 − 3 = ☐☐	6 + 7 = ☐☐	4 + 8 = ☐☐	50 + 10 = ☐☐
65 + 20 = ☐☐	70 − 20 = ☐☐	40 − 30 = ☐☐	79 − 43 = ☐☐

Was passiert? ⊕ oder ⊖ ?

57 ○ 10 ○ 67	64 ○ 24 ○ 88	59 ○ 20 ○ 39	95 ○ 30 ○ 65
58 ○ 36 ○ 22	87 ○ 10 ○ 97	40 ○ 2 ○ 38	71 ○ 24 ○ 95
14 ○ 7 ○ 7	83 ○ 40 ○ 43	35 ○ 5 ○ 40	46 ○ 1 ○ 47
80 ○ 2 ○ 78	71 ○ 5 ○ 76	80 ○ 60 ○ 20	15 ○ 8 ○ 7
5 ○ 6 ○ 11	13 ○ 6 ○ 7	64 ○ 31 ○ 95	48 ○ 2 ○ 50

Rechne und male aus!

48 + 2 = ☐☐	26 + 4 = ☐☐	40 + 5 = ☐☐	81 − 1 = ☐☐	96 − 71 = ☐☐
59 − 10 = ☐☐	55 + 10 = ☐☐	32 + 8 = ☐☐	95 − 30 = ☐☐	64 + 23 = ☐☐
70 − 3 = ☐☐	57 − 36 = ☐☐	80 + 10 = ☐☐	91 + 9 = ☐☐	37 + 10 = ☐☐
65 + 5 = ☐☐	13 − 7 = ☐☐	11 − 3 = ☐☐	43 + 7 = ☐☐	83 − 20 = ☐☐
90 − 60 = ☐☐	40 − 2 = ☐☐	87 − 7 = ☐☐	11 − 8 = ☐☐	71 + 9 = ☐☐
24 + 31 = ☐☐	7 + 6 = ☐☐	80 − 9 = ☐☐	38 + 2 = ☐☐	60 − 6 = ☐☐

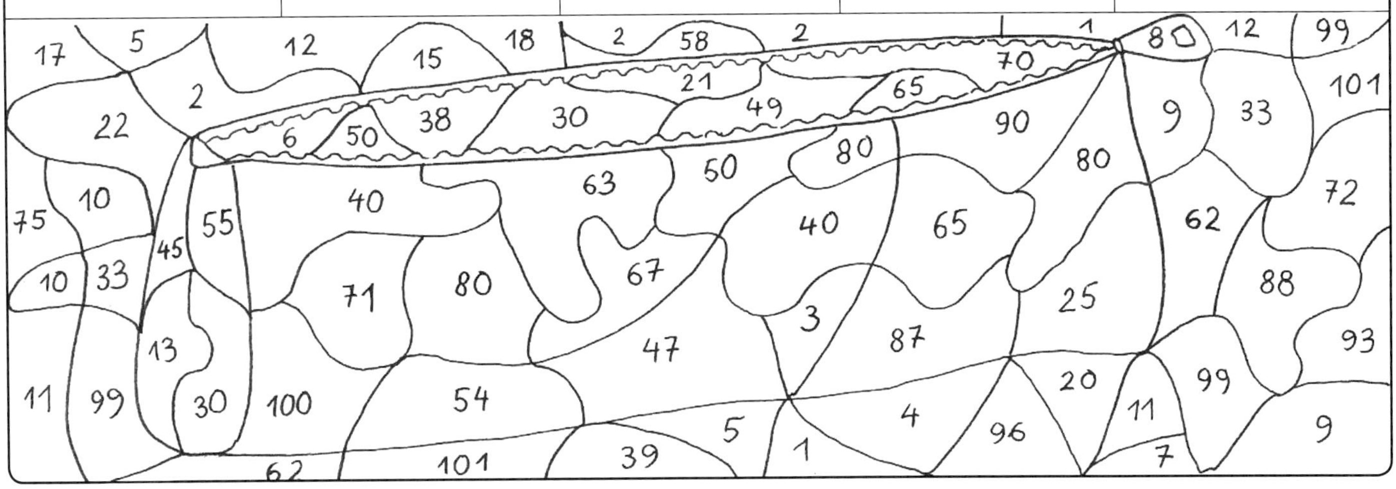

Rechensterne

100 Gemischte Aufgaben

41 ⊕ 8, 32

90 ⊖ 6, 9

4 ⊖ 50, 8

73 ⊕ 7, 22

7 ⊖ 3, 30

Für Spürnasen: Rechne zuerst, finde dann eine passende Aufgabe!

84 + 6 = ☐☐
78 + 2 = ☐☐
52 + 8 = ☐☐
☐☐ ○ ☐☐ ○ ☐☐

70 − 3 = ☐☐
80 − 4 = ☐☐
100 − 1 = ☐☐
☐☐ ○ ☐☐ ○ ☐☐

30 − 9 = ☐☐
70 − 9 = ☐☐
50 − 9 = ☐☐
☐☐ ○ ☐☐ ○ ☐☐

30 − 1 = ☐☐
30 − 2 = ☐☐
30 − 3 = ☐☐
☐☐ ○ ☐☐ ○ ☐☐

29 + 1 = ☐☐
28 + 2 = ☐☐
27 + 3 = ☐☐
☐☐ ○ ☐☐ ○ ☐☐

Kistler/Schneider: Rechnen ohne Stolperstein, Band 3B. Illustrationen: Kristina Klotz

Rechengeschichten

100

Sonderfälle 1

Z ⊖ E   ZE ⊕ E = Z

Gisela hat in ihrer Schultasche 33 Buntstifte.
Oma kauft ihr im Geschäft 7 Leuchtstifte dazu.
Wie viele Stifte hat Gisela jetzt?

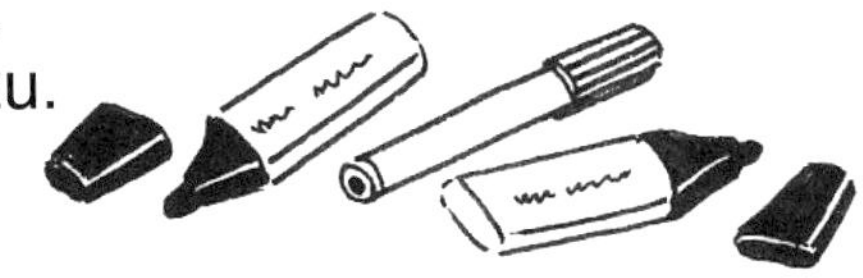

Wir rechnen: ☐☐ ◯ ☐☐ ◯ ☐☐

Wir antworten: ______________________________

Lisa und Johannes gehen in den Schreibwarenladen.
Lisa kauft 21 Sticker, Johannes 9 Sticker zum Tasten.
Wie viele Sticker haben die beiden jetzt zusammen?

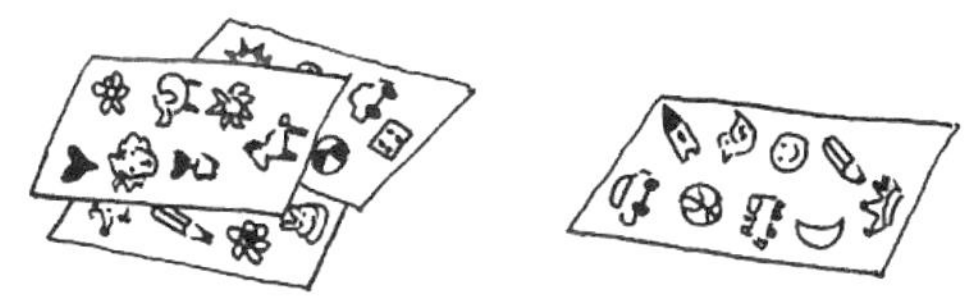

Wir rechnen: ☐☐ ◯ ☐☐ ◯ ☐☐

Wir antworten: ______________________________

Klaus kauft sich einen Maus-Block mit 90 Blättern.
Er verwendet gleich 3 Zettel.
Wie viele Blätter sind jetzt noch im Block?

Wir rechnen: ☐☐ ◯ ☐☐ ◯ ☐☐

Wir antworten: ______________________________

Fabian hat sich 30 Bögen Buntpapier gekauft.
Auf dem Weg nach Hause fallen ihm 2 Bögen in eine Pfütze.
Wie viele Bögen sind jetzt noch zu gebrauchen?

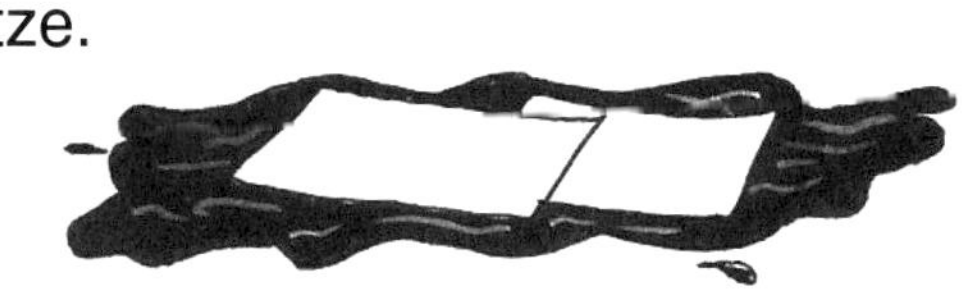

Wir rechnen: ☐☐ ◯ ☐☐ ◯ ☐☐

Wir antworten: ______________________________

Jan kauft im Sonderangebot 50 Eisschirmchen.
Für seine Geburtstagsfeier braucht er 8 Stück.
Wie viele Schirmchen bleiben übrig?

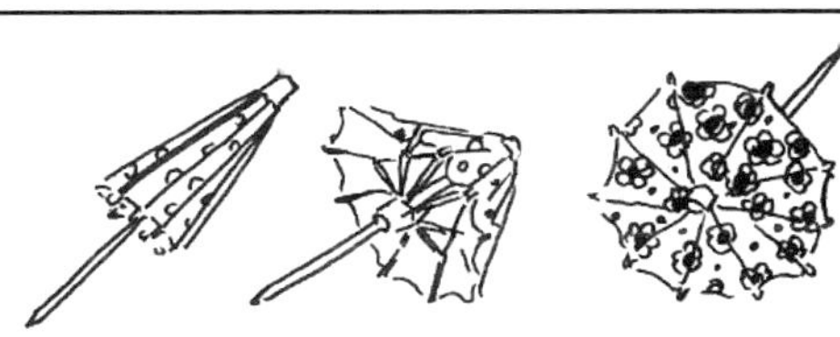

Wir rechnen: ☐☐ ◯ ☐☐ ◯ ☐☐

Wir antworten: ______________________________

Im Auftrag der Lehrerin kauft Pia 42 Bögen
schwarzes Tonpapier und 8 Bögen Goldpapier.
Wie viele Bögen Papier kauft Pia für die Lehrerin?

Wir rechnen: ☐☐ ◯ ☐☐ ◯ ☐☐

Wir antworten: ______________________________

⊘ Plus- und Minusaufgaben kannst du auch so aufschreiben:

100

Sonderfälle 1 ZE ⊘ E

	Zehner	Einer
	2	8
		2
+	1	
=		

	Zehner	Einer
	4	0
	1	
−		5
=		

Einer verändern die Zehner! Rechne.

	Zehner	Einer
	5	8
		2
+		

	Zehner	Einer
	7	0
−		4

	Zehner	Einer
	3	9
		1
+		

	Zehner	Einer
	5	8
−		6

	Zehner	Einer
	4	7
		3
+		

	Zehner	Einer
	9	0
−		6

	Zehner	Einer
	4	4
		6
+		

	Zehner	Einer
	3	5
		2
+		

	Zehner	Einer
	5	0
−		9

	Zehner	Einer
	3	0
		5
+		

Kistler/Schneider: Rechnen ohne Stolperstein, Band 3B. Illustrationen: Kristina Klotz

Das kannst du schon alles!

100 Gemischte Aufgaben

95 = 92 + ☐	85 = 43 + ☐	78 = 52 + ☐	96 − 54 = ☐	
68 − 43 = ☐	89 + 1 = ☐	40 + 1 = ☐	21 + 60 = ☐	
62 + 37 = ☐	62 + 3 = ☐	69 = ☐ + 24	48 − 40 = ☐	
76 − 20 = ☐	45 + 30 = ☐	30 + 50 = ☐	70 = ☐ + 40	
30 + 40 = ☐	7 + 5 = ☐	70 − 9 = ☐	47 + 10 = ☐	76 = 26 + ☐
89 − 80 = ☐	46 − 22 = ☐	99 + 1 = ☐	76 − 6 = ☐	57 + 3 = ☐

Was passiert? ⊕, ⊖ oder ⊜ ?

35 ○ 2 = 75	44 ○ 23 = 63	70 ○ 1 = 71	60 ○ 5 = 65	67 ○ 3 = 64
53 ○ 30 = 83	88 ○ 40 + 48	16 ○ 3 = 19	25 ○ 0 = 25	42 ○ 46 = 88
90 ○ 9 = 99	87 ○ 65 = 22	75 ○ 33 + 42	88 ○ 80 = 8	56 ○ 25 = 31
73 ○ 53 + 20	59 ○ 10 = 49	73 ○ 2 = 75	75 ○ 71 + 4	46 ○ 3 = 49
24 ○ 50 = 74	76 ○ 4 = 80	12 ○ 8 = 4	86 ○ 40 = 46	87 ○ 61 = 26

Findest du die Lösung?

68 − 54 = ☐	78 = 65 + ☐	85 = 83 + ☐	95 = 34 + ☐	60 − 1 = ☐
62 − 22 = ☐	42 + 7 = ☐	35 + 10 = ☐	68 − 30 = ☐	36 − 35 = ☐
60 − 40 = ☐	69 = ☐ + 41	85 + 5 = ☐	62 + 5 = ☐	53 + 41 = ☐
56 = ☐ + 26	95 − 55 = ☐	49 − 45 = ☐	12 − 7 = ☐	100 − 9 = ☐
80 + 1 = ☐	38 − 4 = ☐	89 = 59 + ☐	80 − 10 = ☐	73 = 71 + ☐
76 − 70 = ☐	42 + 20 = ☐	46 − 2 = ☐	88 − 56 = ☐	24 + 6 = ☐

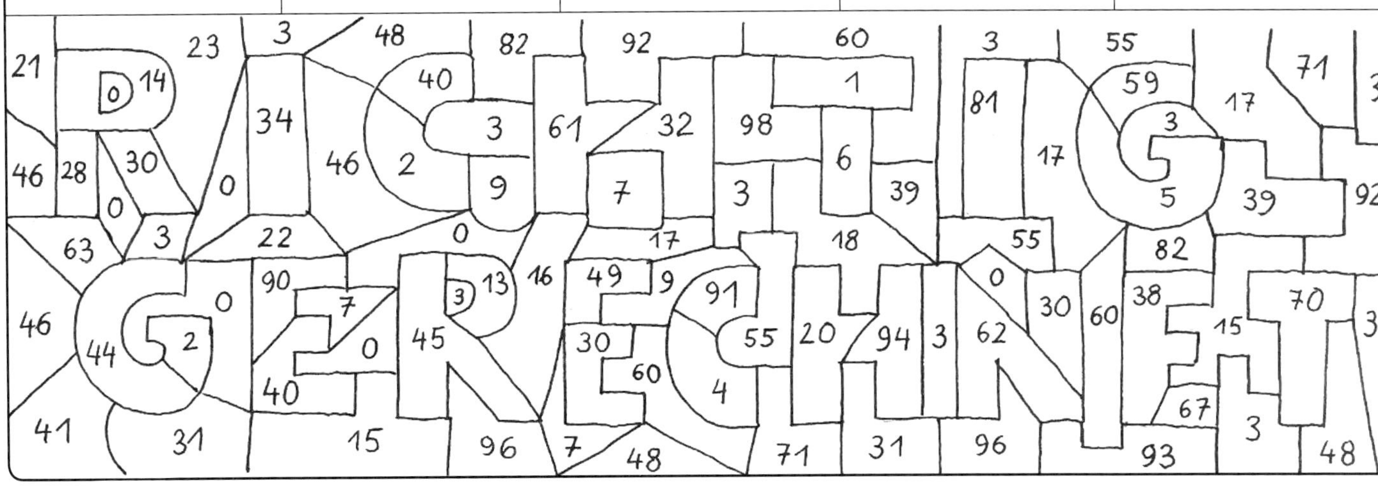

Umkehraufgaben

100

Gemischte Aufgaben

30 − 3 = ___

27 + 3 = ___

100 − 9 = ___

50 − 5 = ___

65 − 40 = ___

90 − 1 = ___

70 − 7 = ___

40 − 8 = ___

___ ○ ___ ○ ___

___ ○ ___ ○ ___

___ ○ ___ ○ ___

___ ○ ___ ○ ___

___ ○ ___ ○ ___

___ ○ ___ ○ ___

Finde Aufgaben: Die drei Freundinnen helfen dir!

35 + 5 = 40

___ + ___ = ___

___ − ___ = ___

___ = ___ + ___

7 80 73

___ ○ ___ ○ ___

___ ○ ___ ○ ___

___ ○ ___ ○ ___

___ ○ ___ ○ ___

30 23 7

___ ○ ___ ○ ___

___ ○ ___ ○ ___

___ ○ ___ ○ ___

___ ○ ___ ○ ___

54 60 6

___ ○ ___ ○ ___

___ ○ ___ ○ ___

___ ○ ___ ○ ___

___ ○ ___ ○ ___

90 9 81

___ ○ ___ ○ ___

___ ○ ___ ○ ___

___ ○ ___ ○ ___

___ ○ ___ ○ ___

Kistler/Schneider: Rechnen ohne Stolperstein, Band 3B. Illustrationen: Kristina Klotz

100

Zehnerübergang
ZE ⊕ E

Im Süßwarenladen: Wir springen über den Zehner!

37 + 5

37 + [3] = [40]

[40] + [2] = [42]

39 + 4	48 + 5	27 + 6	86 + 8
39 + ☐ = ☐☐	48 + ☐ = ☐☐	27 + ☐ = ☐☐	86 + ☐ = ☐☐
☐☐ + ☐ = ☐☐	☐☐ + ☐ = ☐☐	☐☐ + ☐ = ☐☐	☐☐ + ☐ = ☐☐

Achte auf die Einer!

29 + 8	38 + 5	89 + 4	46 + 6
29 + ☐ = ☐☐	38 + ☐ = ☐☐	89 + ☐ = ☐☐	46 + ☐ = ☐☐
☐☐ + ☐ = ☐☐	☐☐ + ☐ = ☐☐	☐☐ + ☐ = ☐☐	☐☐ + ☐ = ☐☐
57 + 5	64 + 7	88 + 6	77 + 7
57 + ☐ = ☐☐	64 + ☐ = ☐☐	88 + ☐ = ☐☐	77 + ☐ = ☐☐
☐☐ + ☐ = ☐☐	☐☐ + ☐ = ☐☐	☐☐ + ☐ = ☐☐	☐☐ + ☐ = ☐☐

Wie viele innen? Wie viele außen?

100

Zehnerübergang
ZE ⊕ E

83 + 9	79 + 4	37 + 5	
83 + ☐ = ☐☐	79 + ☐ = ☐☐	37 + ☐ = ☐☐	
☐☐ + ☐ = ☐☐	☐☐ + ☐ = ☐☐	☐☐ + ☐ = ☐☐	
28 + 6	67 + 8	45 + 6	56 + 5
28 + ☐ = ☐☐	67 + ☐ = ☐☐	45 + ☐ = ☐☐	56 + ☐ = ☐☐
☐☐ + ☐ = ☐☐	☐☐ + ☐ = ☐☐	☐☐ + ☐ = ☐☐	☐☐ + ☐ = ☐☐

Rechne in zwei Schritten!

47 + 6	35 + 9	27 + 4	83 + 9
47 + ☐ = ☐☐	35 + ☐ = ☐☐	27 + ☐ = ☐☐	83 + ☐ = ☐☐
☐☐ + ☐ = ☐☐	☐☐ + ☐ = ☐☐	☐☐ + ☐ = ☐☐	☐☐ + ☐ = ☐☐
33 + 8	58 + 7	87 + 6	66 + 8
33 + ☐ = ☐☐	58 + ☐ = ☐☐	87 + ☐ = ☐☐	66 + ☐ = ☐☐
☐☐ + ☐ = ☐☐	☐☐ + ☐ = ☐☐	☐☐ + ☐ = ☐☐	☐☐ + ☐ = ☐☐
47 + 8	73 + 8	26 + 5	37 + 7
47 + ☐ = ☐☐	73 + ☐ = ☐☐	26 + ☐ = ☐☐	37 + ☐ = ☐☐
☐☐ + ☐ = ☐☐	☐☐ + ☐ = ☐☐	☐☐ + ☐ = ☐☐	☐☐ + ☐ = ☐☐
74 + 7	57 + 8	48 + 6	28 + 9
74 + ☐ = ☐☐	57 + ☐ = ☐☐	48 + ☐ = ☐☐	28 + ☐ = ☐☐
☐☐ + ☐ = ☐☐	☐☐ + ☐ = ☐☐	☐☐ + ☐ = ☐☐	☐☐ + ☐ = ☐☐

Kistler/Schneider: Rechnen ohne Stolperstein, Band 3B. Illustrationen: Kristina Klotz

Fülle den letzten Zehner auf!

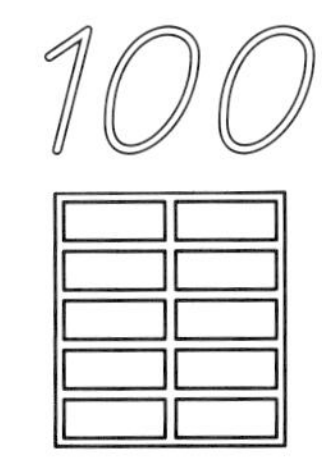

Zehnerübergang
ZE ⊕ E

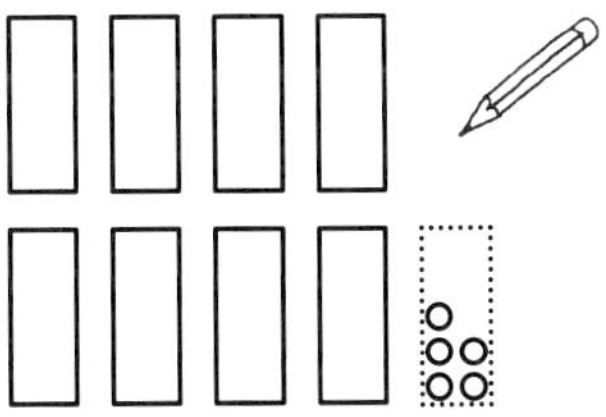

85 + 7
85 + □ = □□
□□ + □ = □□

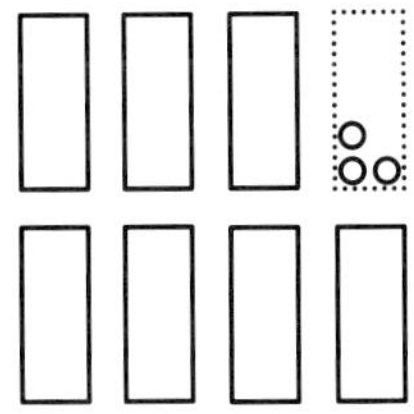

73 + 9
73 + □ = □□
□□ + □ = □□

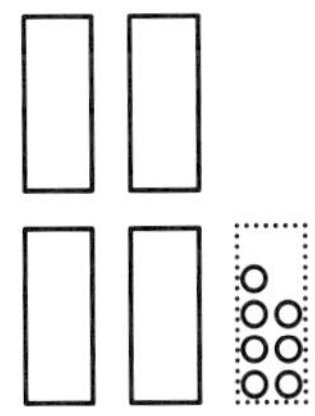

47 + 8
47 + □ = □□
□□ + □ = □□

35 + 8
35 + □ = □□
□□ + □ = □□

54 + 9
54 + □ = □□
□□ + □ = □□

84 + 8
84 + □ = □□
□□ + □ = □□

44 + 7
44 + □ = □□
□□ + □ = □□

57 + 6
57 + □ = □□
□□ + □ = □□

67 + 5
67 + □ = □□
□□ + □ = □□

45 + 9
45 + □ = □□
□□ + □ = □□

56 + 6
56 + □ = □□
□□ + □ = □□

Rechne in zwei Schritten!

25 + 7
25 + □ = □□
□□ + □ = □□

65 + 9
65 + □ = □□
□□ + □ = □□

59 + 8
59 + □ = □□
□□ + □ = □□

39 + 7
39 + □ = □□
□□ + □ = □□

75 + 6
75 + □ = □□
□□ + □ = □□

48 + 7
48 + □ = □□
□□ + □ = □□

65 + 6
65 + □ = □□
□□ + □ = □□

54 + 8
54 + □ = □□
□□ + □ = □□

36 + 9
36 + □ = □□
□□ + □ = □□

53 + 8
53 + □ = □□
□□ + □ = □□

76 + 5
76 + □ = □□
□□ + □ = □□

69 + 3
69 + □ = □□
□□ + □ = □□

74 + 8
74 + □ = □□
□□ + □ = □□

67 + 6
67 + □ = □□
□□ + □ = □□

38 + 4
38 + □ = □□
□□ + □ = □□

28 + 5
28 + □ = □□
□□ + □ = □□

Jetzt ohne Zwischenschritt: Die kleine Aufgabe hilft!

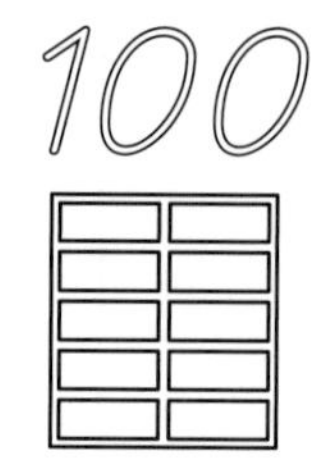

Zehnerübergang
ZE ⊕ E

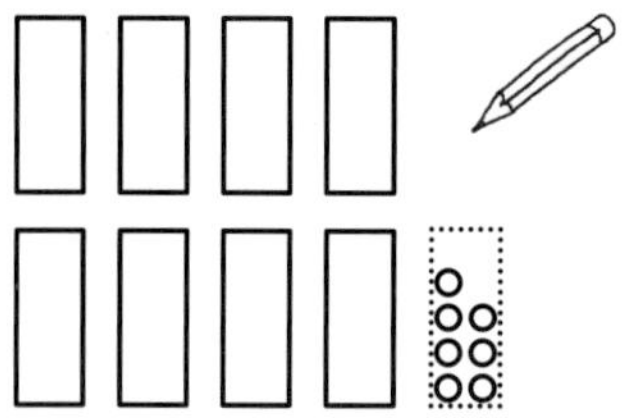

$87 + 5 = \square\square$

$7 + 5 = \square\square$

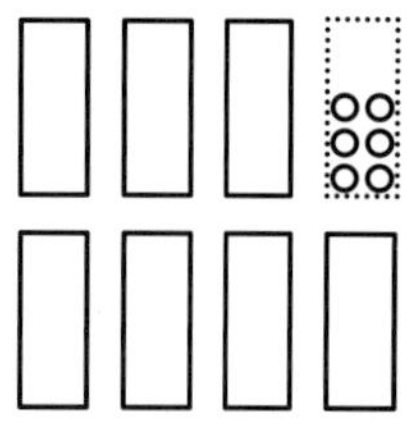

$76 + 7 = \square\square$

$6 + 7 = \square\square$

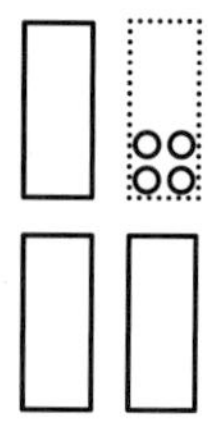

$34 + 8 = \square\square$

$4 + 8 = \square\square$

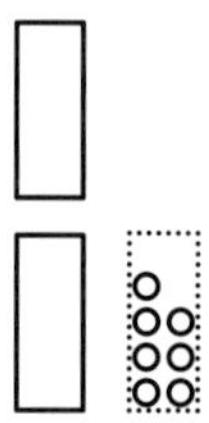

$27 + 8 = \square\square$

$\square + \square = \square\square$

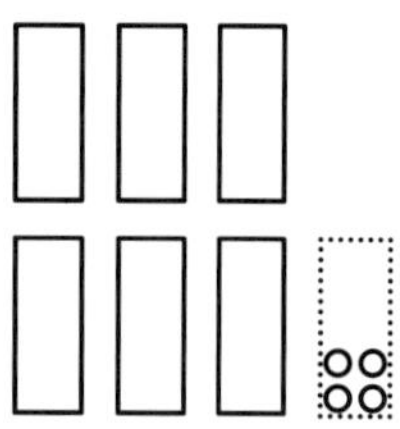

$64 + 9 = \square\square$

$\square + \square = \square\square$

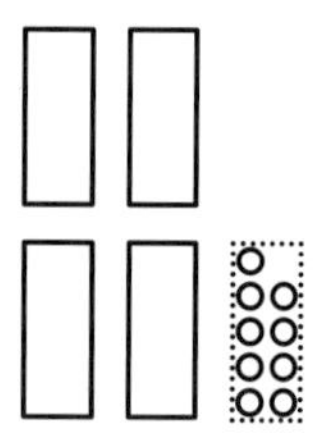

$49 + 5 = \square\square$

$\square + \square = \square\square$

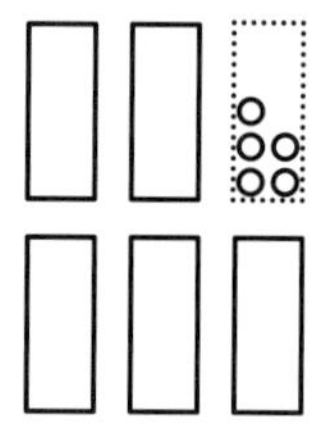

$55 + 6 = \square\square$

$\square + \square = \square\square$

Wie heißt die Rechnung?

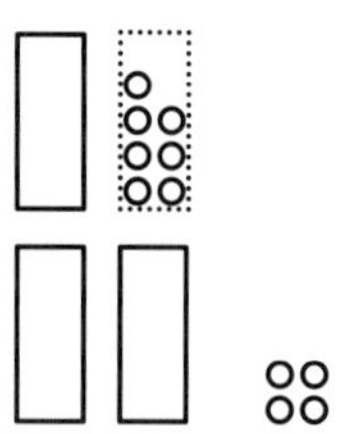

$37 + 4 = \square\square$

$7 + 4 = \square\square$

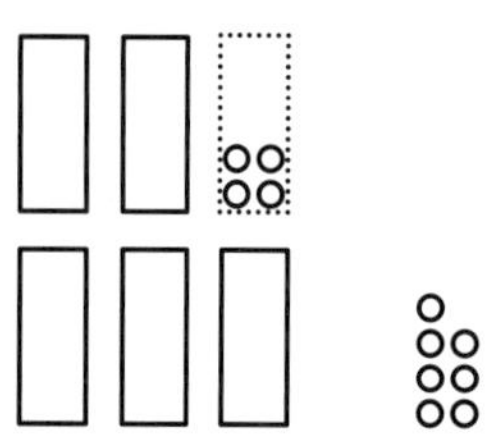

$\square\square + \square = \square\square$

$\square + \square = \square\square$

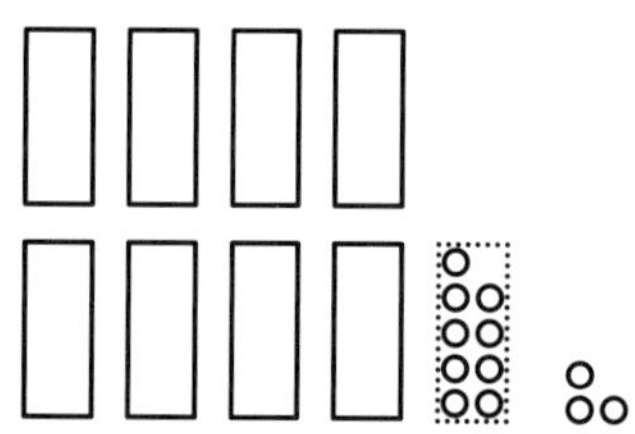

$\square\square + \square = \square\square$

$\square + \square = \square\square$

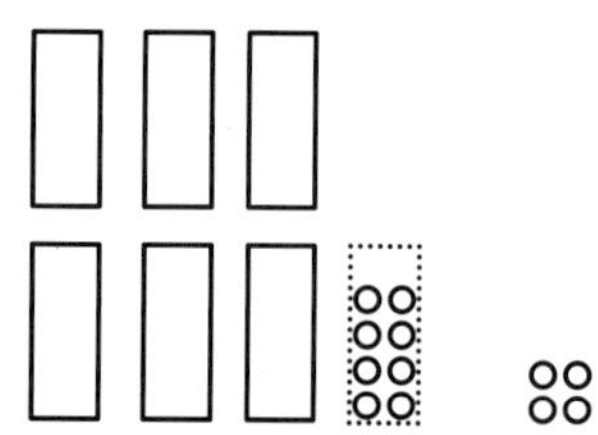

$\square\square + \square = \square\square$

$\square + \square = \square\square$

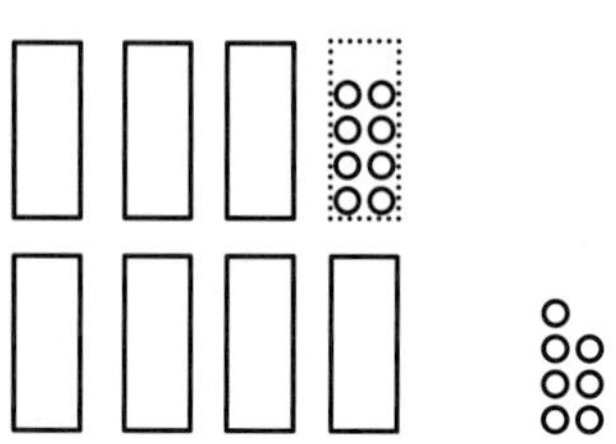

$\square\square + \square = \square\square$

$\square + \square = \square\square$

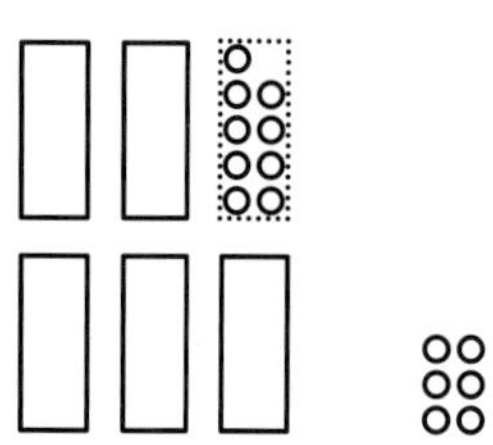

$\square\square + \square = \square\square$

$\square + \square = \square\square$

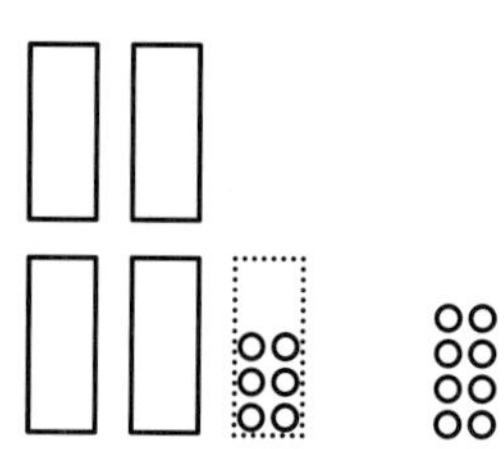

$\square\square + \square = \square\square$

$\square + \square = \square\square$

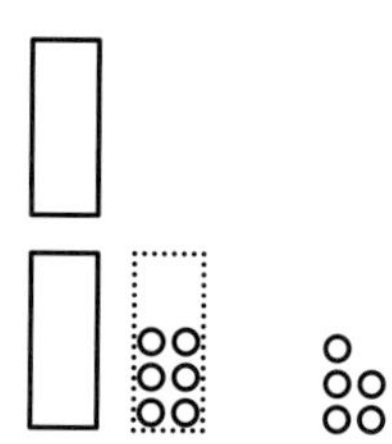

$\square\square + \square = \square\square$

$\square + \square = \square\square$

Kistler/Schneider: Rechnen ohne Stolperstein, Band 3B. Illustrationen: Kristina Klotz

Das schaffst du jetzt!

100

Zehnerübergang
ZE ⊕ E

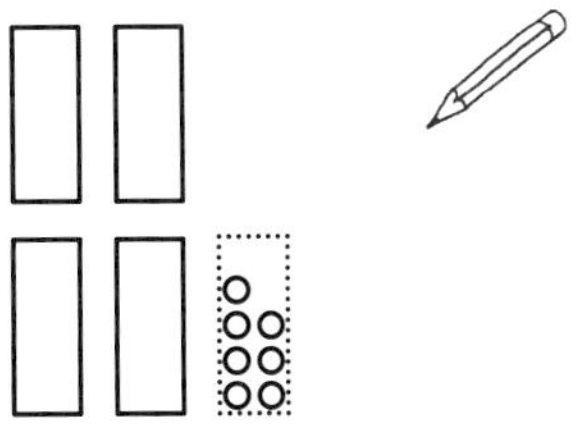

47 + 6 = ☐☐

7 + 6 = ☐☐

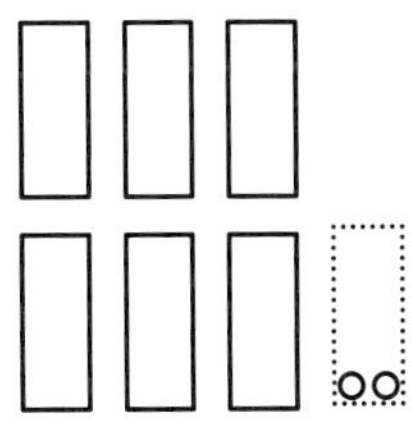

62 + 9 = ☐☐

☐ + ☐ = ☐☐

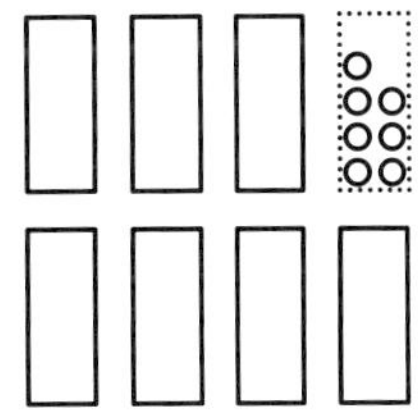

77 + 8 = ☐☐

☐ + ☐ = ☐☐

39 + 2 = ☐☐	79 + 3 = ☐☐	67 + 7 = ☐☐	89 + 5 = ☐☐	29 + 6 = ☐☐
24 + 7 = ☐☐	77 + 4 = ☐☐	58 + 6 = ☐☐	49 + 4 = ☐☐	47 + 7 = ☐☐
46 + 5 = ☐☐	86 + 5 = ☐☐	49 + 2 = ☐☐	48 + 3 = ☐☐	38 + 7 = ☐☐
79 + 2 = ☐☐	23 + 9 = ☐☐	78 + 5 = ☐☐	66 + 6 = ☐☐	69 + 4 = ☐☐
87 + 4 = ☐☐	68 + 3 = ☐☐	25 + 6 = ☐☐	29 + 4 = ☐☐	89 + 5 = ☐☐
38 + 3 = ☐☐	29 + 3 = ☐☐	28 + 3 = ☐☐	22 + 9 = ☐☐	28 + 6 = ☐☐

Kleine Aufgabe – große Aufgabe: Male gleich an!

- 49 + 4 = ☐☐
- 43 + 8 = ☐☐
- 8 + 6 = ☐☐
- 36 + 5 = ☐☐
- 6 + 5 = ☐☐
- 68 + 6 = ☐☐
- 6 + 7 = ☐☐
- 8 + 5 = ☐☐
- 5 + 8 = ☐☐
- 75 + 9 = ☐☐
- 7 + 8 = ☐☐
- 39 + 8 = ☐☐
- 35 + 8 = ☐☐
- 26 + 7 = ☐☐
- 27 + 8 = ☐☐
- 5 + 9 = ☐☐
- 9 + 4 = ☐☐
- 3 + 8 = ☐☐
- 79 + 5 = ☐☐
- 28 + 5 = ☐☐
- 9 + 8 = ☐☐
- 9 + 5 = ☐☐

Tauschaufgaben

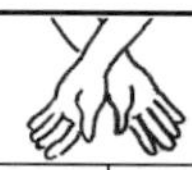

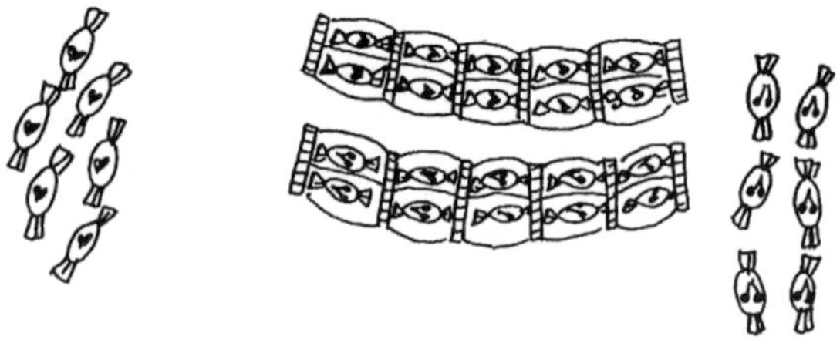

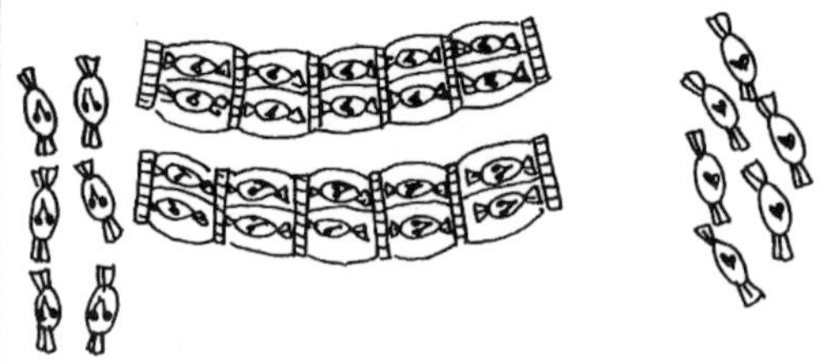

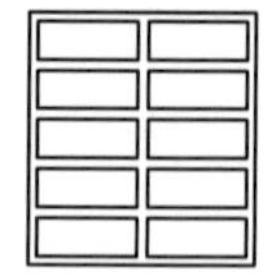

100

Zehnerübergang
ZE ⊕ E

| 6 + 26 = |
| + = |

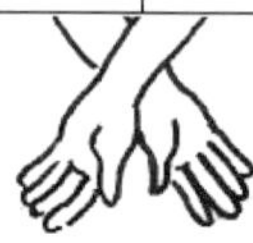

6 + 35 =	+ =
4 + 28 =	○ ○
7 + 65 =	○ ○
6 + 85 =	○ ○
2 + 48 =	○ ○
5 + 88 =	○ ○
8 + 64 =	○ ○

Mit der Tauschaufgabe geht es einfacher!

Lösung: ☐☐☐☐ ☐☐☐ ☐☐☐ ☐☐☐ ☐☐☐☐☐☐☐☐ ☐☐☐☐ ☐☐☐☐☐☐☐☐☐!

85 + 7 =	H 92	D 93	46 + 7 =	R 53	G 54	63 + 9 =	R 72	H 71
88 + 9 =	O 97	Ü 96	75 + 6 =	E 80	V 81	66 + 8 =	E 73	L 74
72 + 9 =	S 82	L 81	38 + 9 =	O 47	E 46	58 + 6 =	N 63	E 64
38 + 9 =	E 47	K 48	45 + 8 =	N 53	Ö 37	44 + 7 =	H 51	K 52
87 + 5 =	D 92	T 93	77 + 8 =	R 86	D 85	66 + 5 =	R 71	I 72
84 + 8 =	A 91	I 92	69 + 5 =	E 74	L 75	54 + 7 =	E 61	N 62
37 + 8 =	R 45	N 46	66 + 7 =	E 73	R 72	68 + 4 =	S 73	N 72
25 + 9 =	I 34	E 33	26 + 9 =	I 34	B 35	36 + 8 =	C 43	U 44
44 + 9 =	S 52	N 53	56 + 8 =	C 65	E 64	24 + 8 =	N 32	H 31
84 + 9 =	H 94	E 93	49 + 4 =	C 52	L 53	73 + 8 =	G 81	W 82
24 + 7 =	G 32	I 31	73 + 9 =	O 82	H 83			
56 + 9 =	A 66	N 65	49 + 7 =	H 56	T 57			

Kistler/Schneider: Rechnen ohne Stolperstein, Band 3B. Illustrationen: Kristina Klotz

⊕ Plusaufgaben kannst du auch so aufschreiben:

100

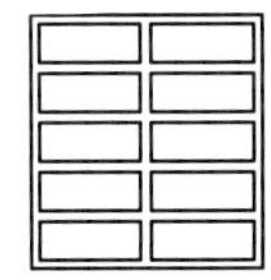

Zehnerübergang ZE
⊕ E

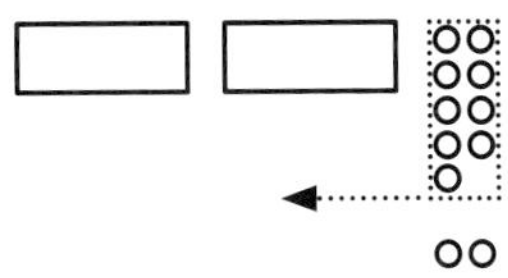

	Zehner	Einer
	2	9
		2
⊕	1	
⊜		1

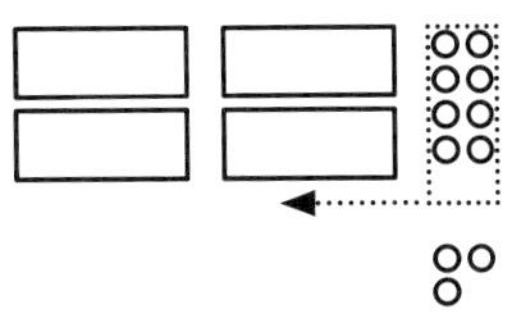

	Zehner	Einer
	4	8
		3
⊕		
⊜		

Ein Zehner wird voll! Rechne.

	Zehner	Einer
	3	8
		4
⊕		

	Zehner	Einer
	3	6
		5
⊕		

	Zehner	Einer
	7	9
		3
⊕		

	Zehner	Einer
	2	5
		7
⊕		

	Zehner	Einer
	8	7
		6
⊕		

	Zehner	Einer
	6	9
		5
⊕		

	Zehner	Einer
	1	3
		9
⊕		

	Zehner	Einer
	5	2
		9
⊕		

	Zehner	Einer
	3	6
		6
⊕		

	Zehner	Einer
	7	5
		7
⊕		

Wir springen rückwärts über den Zehner!

100

Zehnerübergang
ZE ⊖ E

23 − 5
23 − 3 = 20
20 − 2 = 18

23 − 4 23 − □ = □□ □□ − □ = □□	71 − 5 71 − □ = □□ □□ − □ = □□	63 − 6 63 − □ = □□ □□ − □ = □□	34 − 5 34 − □ = □□ □□ − □ = □□

Streiche weg und rechne!

Wie viele außen?
Wie viele innen?
Wie viele bleiben?

34 − 6 34 − □ = □□ □□ − □ = □□	51 − 2 51 − □ = □□ □□ − □ = □□	96 − 8 96 − □ = □□ □□ − □ = □□	42 − 3 42 − □ = □□ □□ − □ = □□
25 − 7 25 − □ = □□ □□ − □ = □□	77 − 9 77 − □ = □□ □□ − □ = □□	82 − 6 82 − □ = □□ □□ − □ = □□	43 − 6 43 − □ = □□ □□ − □ = □□

Kistler/Schneider: Rechnen ohne Stolperstein, Band 3B. Illustrationen: Kristina Klotz

Wie viele außen? Wie viele innen? Wie viele bleiben?

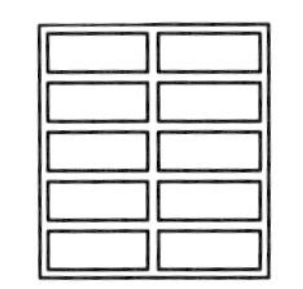

100

Zehnerübergang
ZE ⊖ E

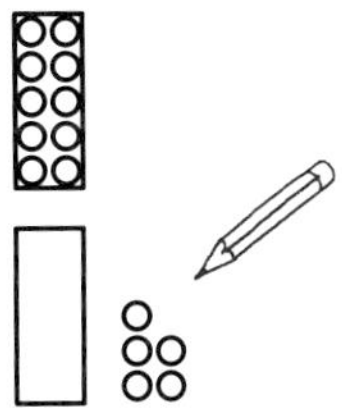

25 − 8
25 − ☐ = ☐☐
☐☐ − ☐ = ☐☐

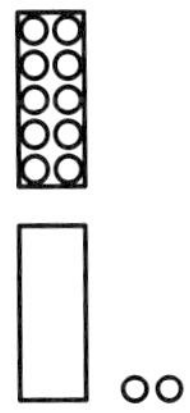

22 − 6
22 − ☐ = ☐☐
☐☐ − ☐ = ☐☐

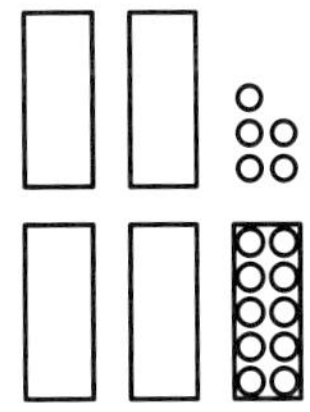

55 − 6
55 − ☐ = ☐☐
☐☐ − ☐ = ☐☐

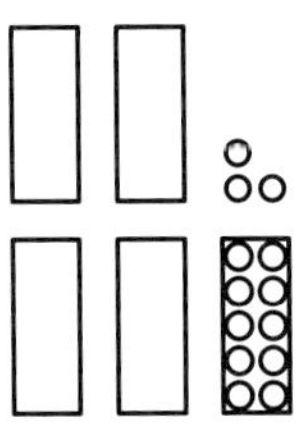

53 − 4
53 − ☐ = ☐☐
☐☐ − ☐ = ☐☐

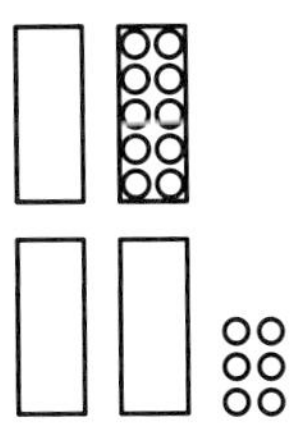

46 − 9
46 − ☐ = ☐☐
☐☐ − ☐ = ☐☐

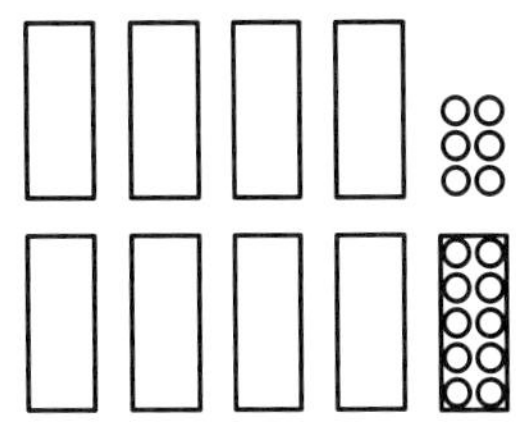

96 − 7
96 − ☐ = ☐☐
☐☐ − ☐ = ☐☐

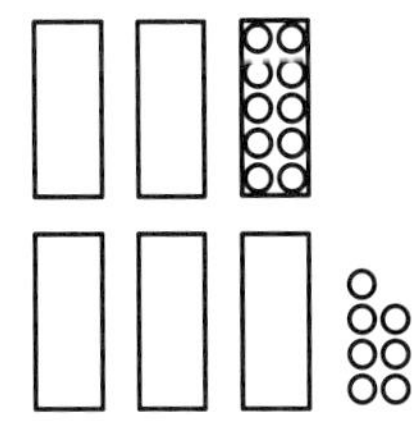

67 − 9
67 − ☐ = ☐☐
☐☐ − ☐ = ☐☐

Rechne in zwei Schritten!

62 − 8
62 − ☐ = ☐☐
☐☐ − ☐ = ☐☐

34 − 7
34 − ☐ = ☐☐
☐☐ − ☐ = ☐☐

21 − 7
21 − ☐ = ☐☐
☐☐ − ☐ = ☐☐

73 − 6
73 − ☐ = ☐☐
☐☐ − ☐ = ☐☐

43 − 5
43 − ☐ = ☐☐
☐☐ − ☐ = ☐☐

43 − 8
43 − ☐ = ☐☐
☐☐ − ☐ = ☐☐

34 − 8
34 − ☐ = ☐☐
☐☐ − ☐ = ☐☐

24 − 6
24 − ☐ = ☐☐
☐☐ − ☐ = ☐☐

51 − 9
51 − ☐ = ☐☐
☐☐ − ☐ = ☐☐

87 − 9
87 − ☐ = ☐☐
☐☐ − ☐ = ☐☐

71 − 8
71 − ☐ = ☐☐
☐☐ − ☐ = ☐☐

83 − 7
83 − ☐ = ☐☐
☐☐ − ☐ = ☐☐

47 − 9
47 − ☐ = ☐☐
☐☐ − ☐ = ☐☐

63 − 8
63 − ☐ = ☐☐
☐☐ − ☐ = ☐☐

58 − 9
58 − ☐ = ☐☐
☐☐ − ☐ = ☐☐

87 − 9
87 − ☐ = ☐☐
☐☐ − ☐ = ☐☐

Die letzte Schachtel musst du öffnen!

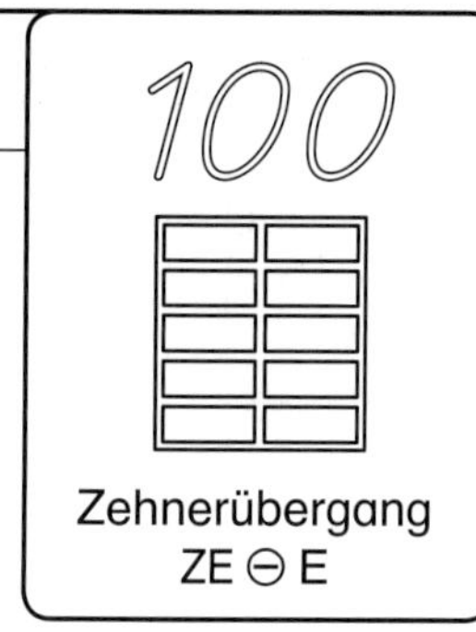

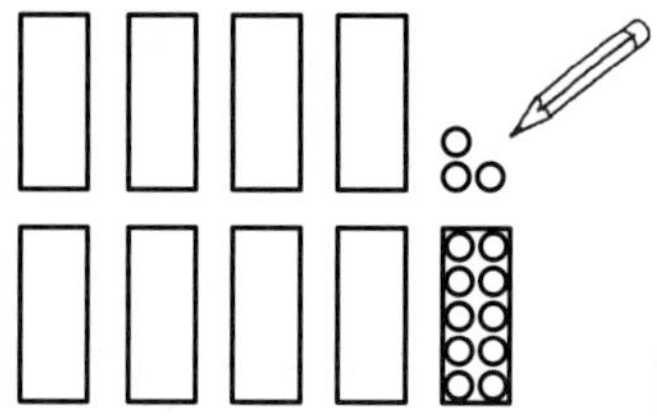 93 − 5 93 − ☐ = ☐☐ ☐☐ − ☐ = ☐☐	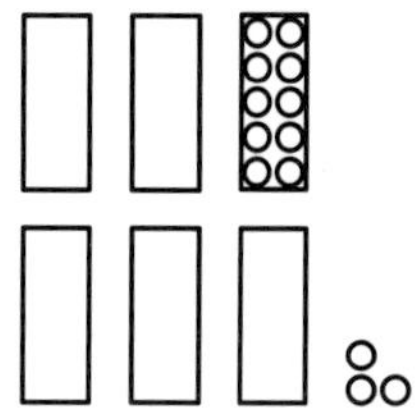 63 − 4 63 − ☐ = ☐☐ ☐☐ − ☐ = ☐☐	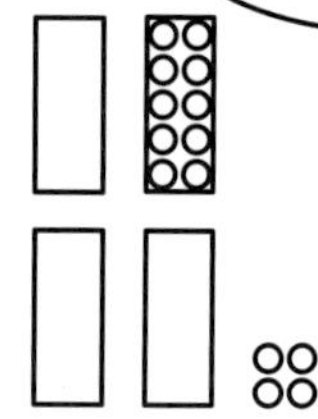 44 − 8 44 − ☐ = ☐☐ ☐☐ − ☐ = ☐☐	
21 − 3 21 − ☐ = ☐☐ ☐☐ − ☐ = ☐☐	41 − 2 41 − ☐ = ☐☐ ☐☐ − ☐ = ☐☐	72 − 4 72 − ☐ = ☐☐ ☐☐ − ☐ = ☐☐	54 − 6 54 − ☐ = ☐☐ ☐☐ − ☐ = ☐☐
42 − 5 42 − ☐ = ☐☐ ☐☐ − ☐ = ☐☐	61 − 3 61 − ☐ = ☐☐ ☐☐ − ☐ = ☐☐	83 − 6 83 − ☐ = ☐☐ ☐☐ − ☐ = ☐☐	91 − 2 91 − ☐ = ☐☐ ☐☐ − ☐ = ☐☐

Rechne in zwei Schritten!

23 − 7 23 − ☐ = ☐☐ ☐☐ − ☐ = ☐☐	65 − 9 65 − ☐ = ☐☐ ☐☐ − ☐ = ☐☐	54 − 8 54 − ☐ = ☐☐ ☐☐ − ☐ = ☐☐	35 − 7 35 − ☐ = ☐☐ ☐☐ − ☐ = ☐☐
73 − 6 73 − ☐ = ☐☐ ☐☐ − ☐ = ☐☐	46 − 7 46 − ☐ = ☐☐ ☐☐ − ☐ = ☐☐	64 − 6 64 − ☐ = ☐☐ ☐☐ − ☐ = ☐☐	57 − 8 57 − ☐ = ☐☐ ☐☐ − ☐ = ☐☐
31 − 9 31 − ☐ = ☐☐ ☐☐ − ☐ = ☐☐	53 − 8 53 − ☐ = ☐☐ ☐☐ − ☐ = ☐☐	74 − 5 74 − ☐ = ☐☐ ☐☐ − ☐ = ☐☐	62 − 3 62 − ☐ = ☐☐ ☐☐ − ☐ = ☐☐
74 − 8 74 − ☐ = ☐☐ ☐☐ − ☐ = ☐☐	62 − 6 62 − ☐ = ☐☐ ☐☐ − ☐ = ☐☐	31 − 4 31 − ☐ = ☐☐ ☐☐ − ☐ = ☐☐	23 − 5 23 − ☐ = ☐☐ ☐☐ − ☐ = ☐☐

Kistler/Schneider: Rechnen ohne Stolperstein, Band 3B. Illustrationen: Kristina Klotz

Jetzt ohne Zwischenschritt: Die kleine Aufgabe hilft!

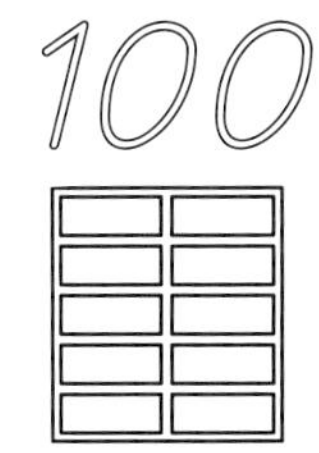

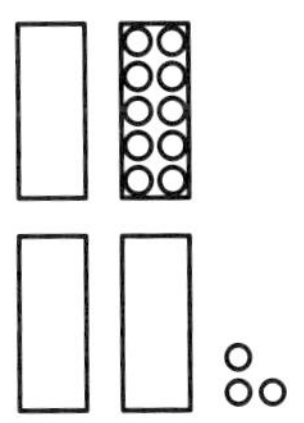

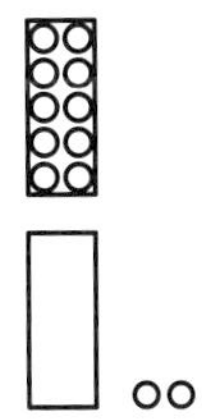

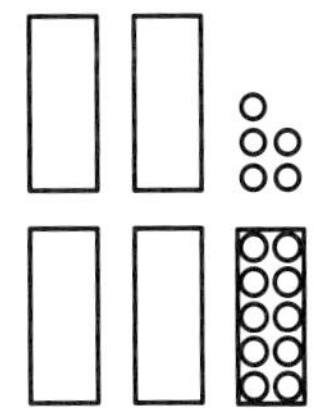

43 − 4 = ☐☐

13 − 4 = ☐☐

22 − 5 = ☐☐

12 − 5 = ☐☐

55 − 7 = ☐☐

15 − 7 = ☐☐

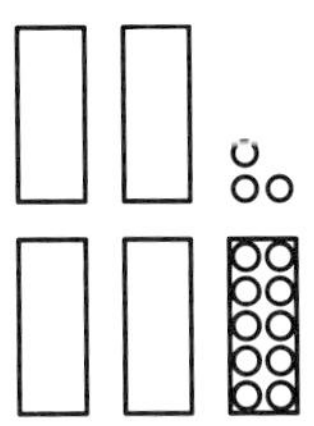

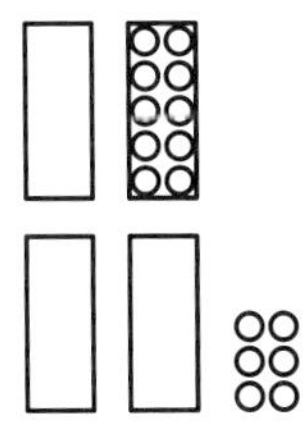

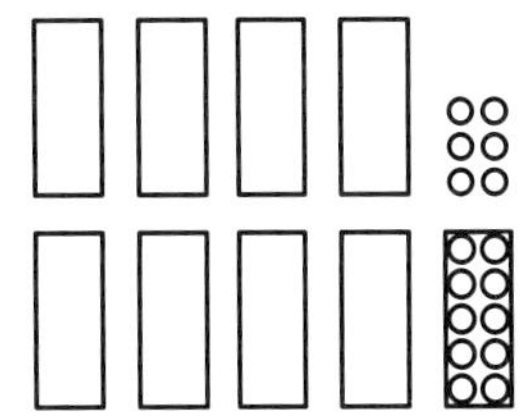

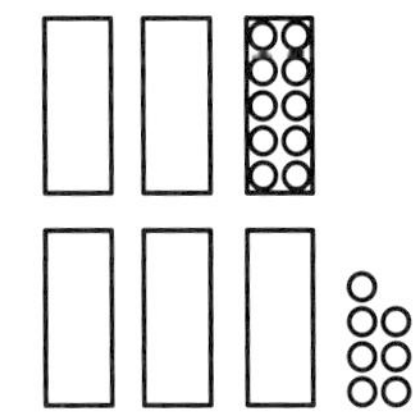

53 − 5 = ☐☐

☐☐ − ☐ = ☐☐

46 − 8 = ☐☐

☐☐ − ☐ = ☐☐

96 − 9 = ☐☐

☐☐ − ☐ = ☐☐

67 − 8 = ☐☐

☐☐ − ☐ = ☐☐

Wie heißt die Rechnung?

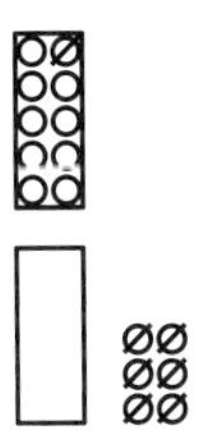

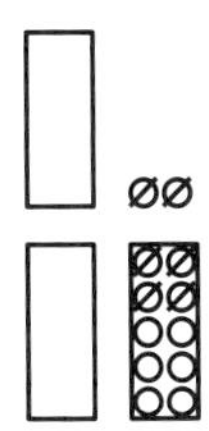

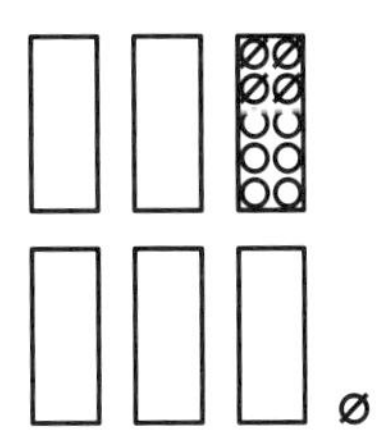

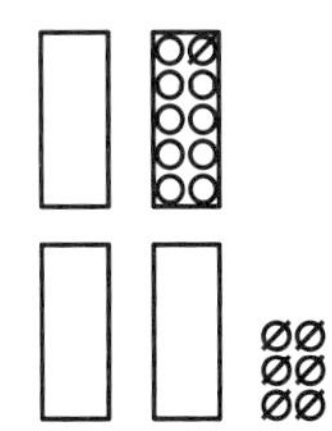

26 − 7 = ☐☐

16 − 7 = ☐☐

☐☐ − ☐ = ☐☐

☐☐ − ☐ = ☐☐

☐☐ − ☐ = ☐☐

☐☐ − ☐ = ☐☐

☐☐ − ☐ = ☐☐

☐☐ − ☐ = ☐☐

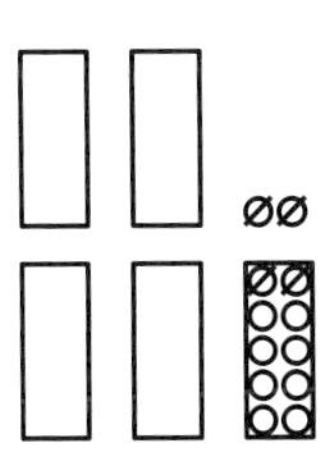

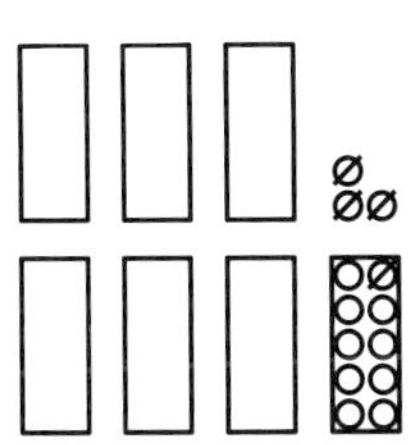

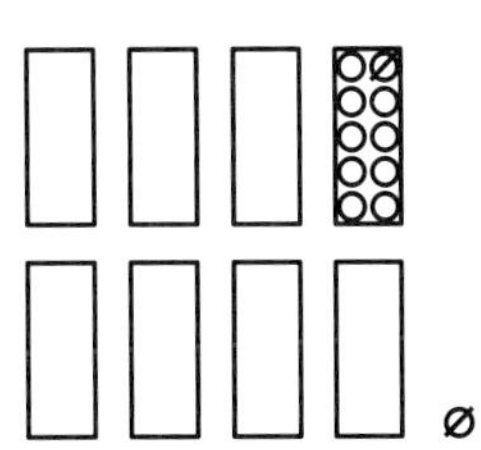

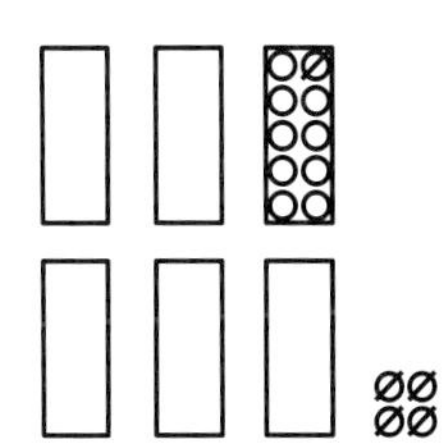

☐☐ − ☐ = ☐☐

☐☐ − ☐ = ☐☐

☐☐ − ☐ = ☐☐

☐☐ − ☐ = ☐☐

☐☐ − ☐ = ☐☐

☐☐ − ☐ = ☐☐

☐☐ − ☐ = ☐☐

☐☐ − ☐ = ☐☐

Das geht gut! Rechne.

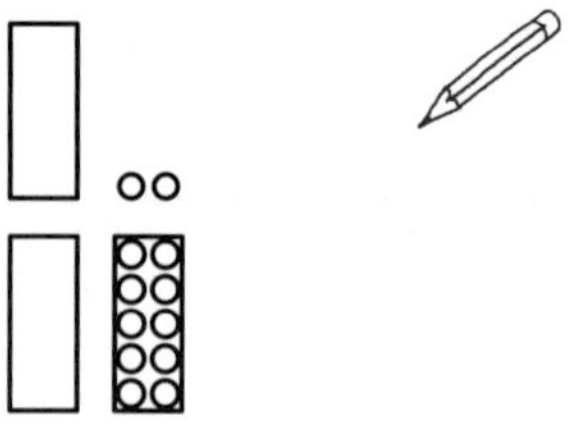	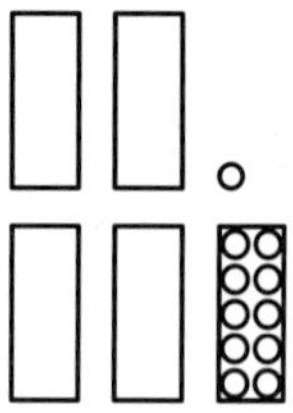	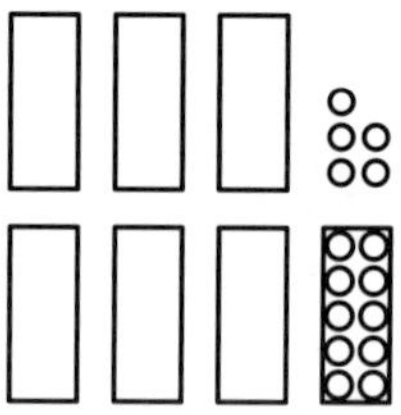	
32 − 5 = ☐☐	51 − 3 = ☐☐	75 − 8 = ☐☐	
12 − 5 = ☐☐	☐☐ − ☐ = ☐☐	☐☐ − ☐ = ☐☐	

61 − 2 = ☐☐	71 − 3 = ☐☐	74 − 7 = ☐☐	72 − 5 = ☐☐	85 − 6 = ☐☐
24 − 7 = ☐☐	62 − 4 = ☐☐	33 − 6 = ☐☐	92 − 4 = ☐☐	56 − 7 = ☐☐
44 − 5 = ☐☐	84 − 5 = ☐☐	21 − 2 = ☐☐	41 − 3 = ☐☐	45 − 7 = ☐☐
31 − 2 = ☐☐	23 − 9 = ☐☐	54 − 5 = ☐☐	74 − 6 = ☐☐	33 − 4 = ☐☐
32 − 4 = ☐☐	31 − 3 = ☐☐	25 − 6 = ☐☐	83 − 4 = ☐☐	83 − 5 = ☐☐
81 − 3 = ☐☐	52 − 3 = ☐☐	72 − 3 = ☐☐	22 − 9 = ☐☐	44 − 6 = ☐☐

Kleine Aufgabe – große Aufgabe: Male gleich an!

Kistler/Schneider: Rechnen ohne Stolperstein, Band 3B. Illustrationen: Kristina Klotz

Schleckaufgaben

100

Zehnerübergang
ZE ⊖ E

Lösung: ☐☐☐ ☐☐☐☐☐ ☐☐☐☐☐☐☐☐ ☐☐☐ ☐☐☐ ☐☐☐ ☐☐☐☐☐ ☐☐☐☐☐☐

28 − 9 =	☐☐	F 19	D 18	42 − 7 =	☐☐	S 36	G 35	95 − 7 =	☐☐	C 88	H 89
32 − 8 =	☐☐	A 16	Ü 24	75 − 6 =	☐☐	E 69	S 68	88 − 9 =	☐☐	E 78	H 79
35 − 6 =	☐☐	S 28	R 29	38 − 9 =	☐☐	K 29	E 28	72 − 6 =	☐☐	N 68	E 66
44 − 7 =	☐☐	I 36	K 37	45 − 8 =	☐☐	E 36	Ö 37	98 − 9 =	☐☐	N 89	K 88
62 − 5 =	☐☐	L 57	T 58	77 − 8 =	☐☐	R 68	P 69	82 − 5 =	☐☐	A 67	I 77
54 − 7 =	☐☐	A 48	U 47	63 − 5 =	☐☐	F 58	L 57	84 − 8 =	☐☐	S 76	N 78
66 − 7 =	☐☐	T 59	N 58	97 − 8 =	☐☐	M 88	R 89	61 − 4 =	☐☐	S 57	L 58
25 − 9 =	☐☐	D 16	E 17	95 − 9 =	☐☐	I 87	N 86	36 − 8 =	☐☐	C 28	E 29
56 − 8 =	☐☐	S 38	A 48	54 − 9 =	☐☐	C 46	I 45	24 − 5 =	☐☐	I 18	H 19
42 − 4 =	☐☐	H 37	S 38	84 − 9 =	☐☐	C 75	N 76	73 − 8 =	☐☐	C 64	W 65
73 − 5 =	☐☐	G 68	I 67	94 − 7 =	☐☐	I 86	H 87	75 − 7 =	☐☐	E 68	H 67
83 − 7 =	☐☐	A 76	E 77	56 − 9 =	☐☐	H 46	T 47	33 − 7 =	☐☐	T 25	R 26

⊖ Minusaufgaben kannst du auch so aufschreiben:

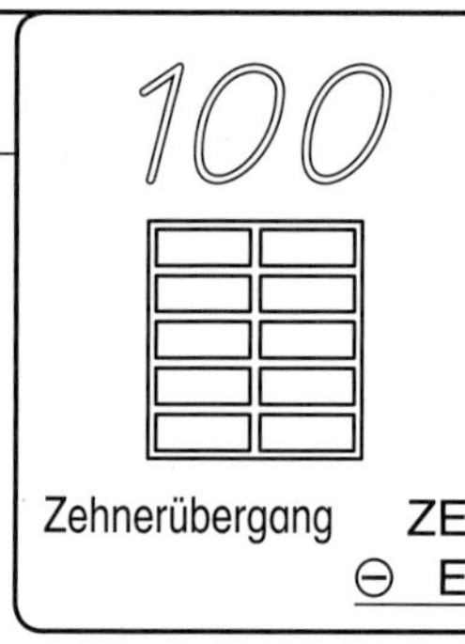

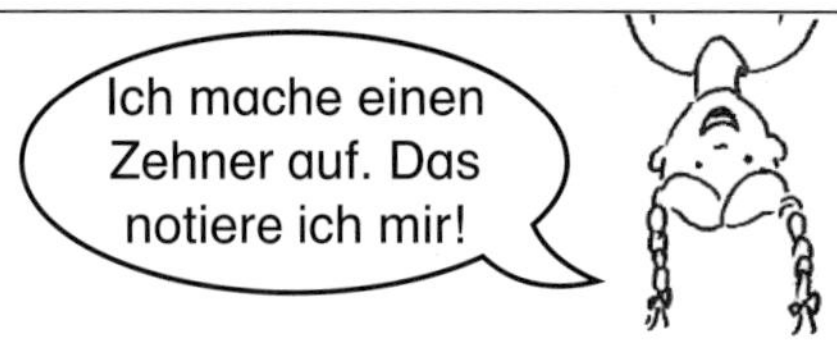

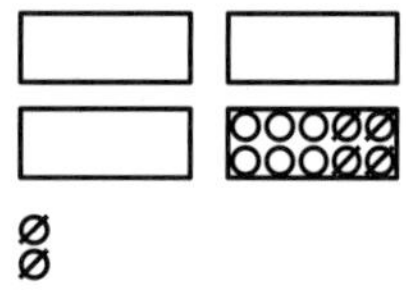

	Zehner	Einer
	4	2
	1	
⊖		6
⊜		

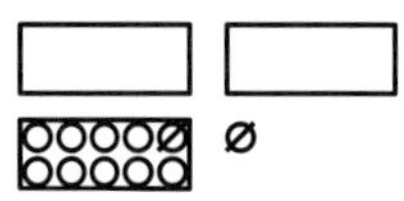

	Zehner	Einer
	3	1
	1	
⊖		2
⊜		

Übe weiter und lege mit Plättchen!

	Zehner	Einer
	7	2
	1	
⊖		6

	Zehner	Einer
	9	1
	1	
⊖		5

	Zehner	Einer
	5	4
	1	
⊖		8

	Zehner	Einer
	6	4
	1	
⊖		7

	Zehner	Einer
	8	1
⊖		2

	Zehner	Einer
	4	6
⊖		9

	Zehner	Einer
	9	6
⊖		8

	Zehner	Einer
	7	3
⊖		9

Kistler/Schneider: Rechnen ohne Stolperstein, Band 3B. Illustrationen: Kristina Klotz

Achte auf ⊕ und ⊖ ! Rechne.

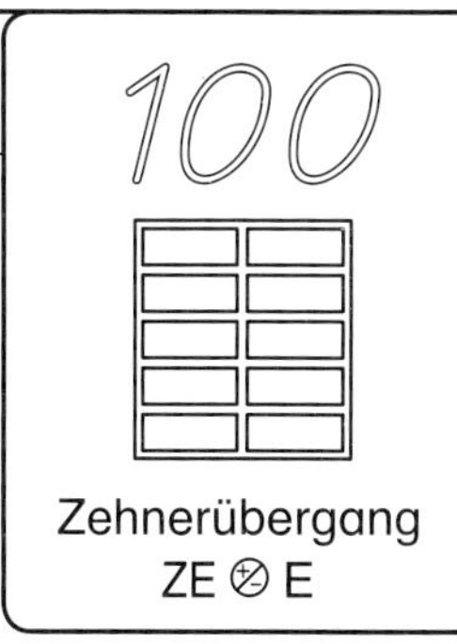

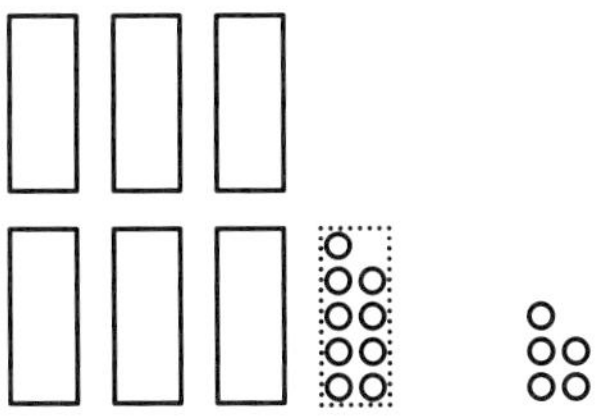

69 + 5 = ☐☐

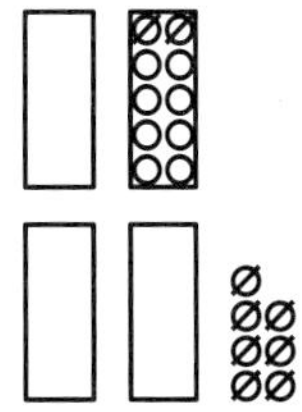

47 − 9 = ☐☐

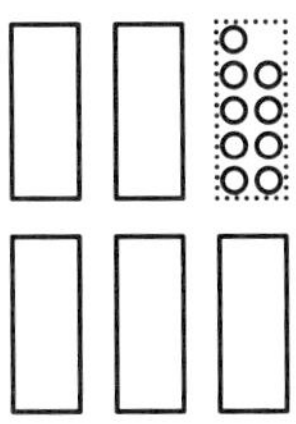

59 + 4 = ☐☐

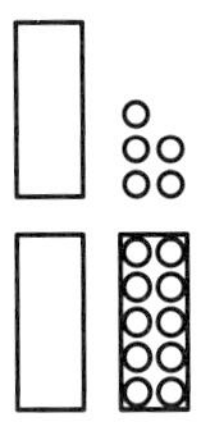

35 − 9 = ☐☐

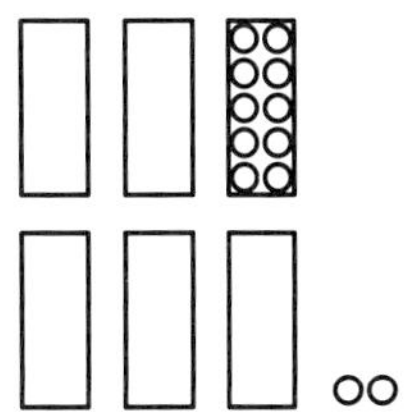

62 − 7 = ☐☐

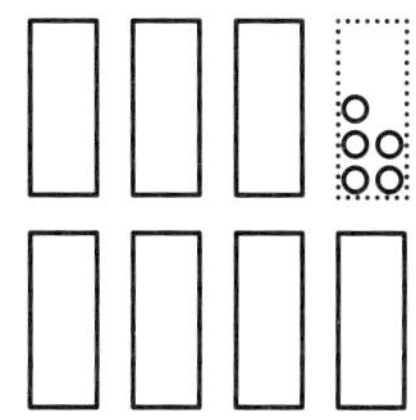

75 + 9 = ☐☐

Wie heiβt die Rechnung?

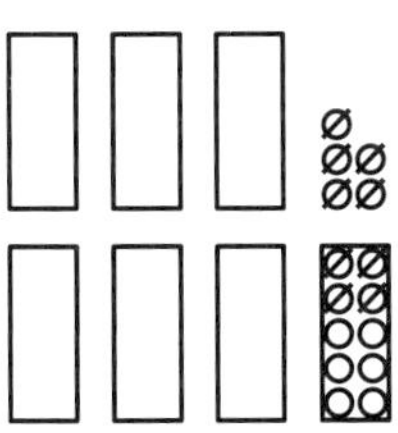

75 ⊖ 9 ⊜ ☐☐

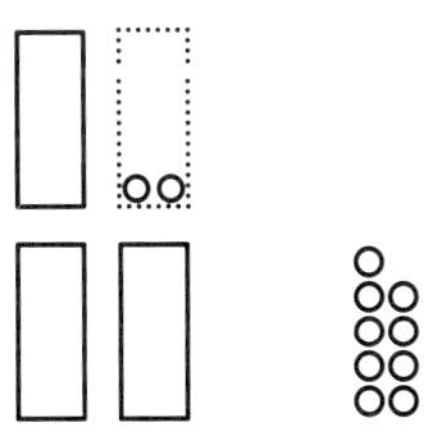

☐☐ ○ ☐☐ ○ ☐☐

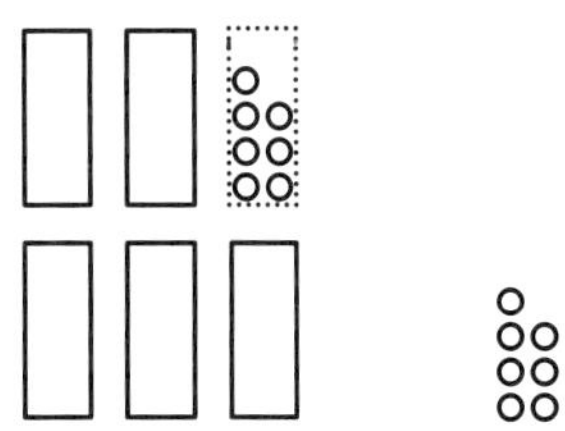

☐☐ ○ ☐☐ ○ ☐☐

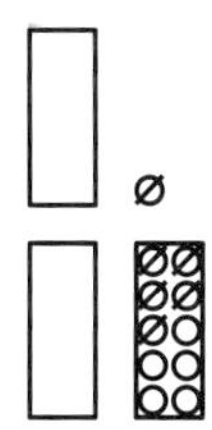

☐☐ ○ ☐☐ ○ ☐☐

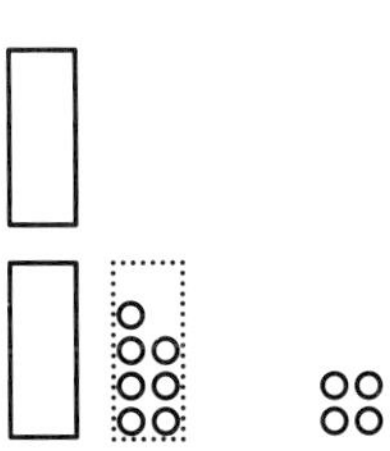

☐☐ ○ ☐☐ ○ ☐☐

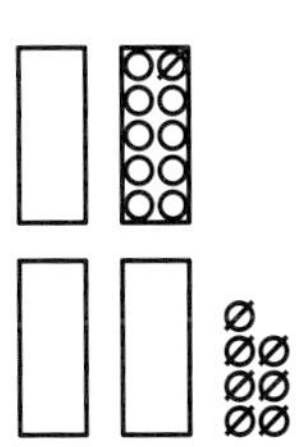

☐☐ ○ ☐☐ ○ ☐☐

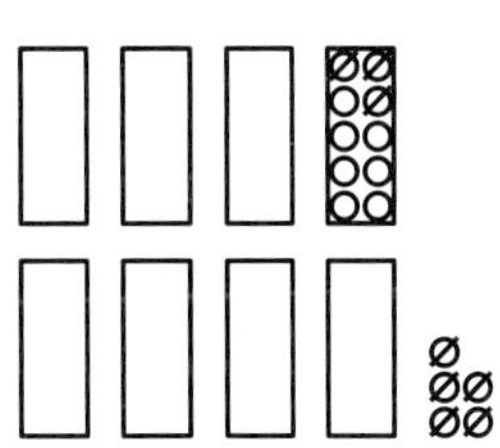

☐☐ ○ ☐☐ ○ ☐☐

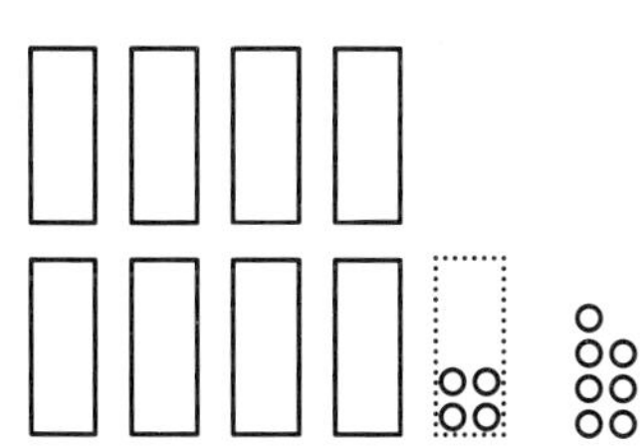

☐☐ ○ ☐☐ ○ ☐☐

⊘ Gemischte Plus- und Minusaufgaben

100

Zehnerübergang
ZE ⊘ E

44 − 9 = ☐☐	84 + 9 = ☐☐	72 − 7 = ☐☐	48 + 4 = ☐☐	
92 − 7 = ☐☐	55 + 8 = ☐☐	34 + 8 = ☐☐	41 − 4 = ☐☐	
23 + 8 = ☐☐	61 − 2 = ☐☐	84 − 5 = ☐☐	34 − 9 = ☐☐	
52 + 9 = ☐☐	41 − 7 = ☐☐	28 + 7 = ☐☐	34 + 7 = ☐☐	
24 − 8 = ☐☐	34 − 5 = ☐☐	77 − 8 = ☐☐	89 + 6 = ☐☐	42 + 9 = ☐☐
76 + 8 = ☐☐	68 + 6 = ☐☐	63 − 5 = ☐☐	22 − 6 = ☐☐	78 + 8 = ☐☐

Was passiert? ⊕ oder ⊖ ?

45 ◯ 9 = 36	59 ◯ 3 = 62	27 ◯ 9 = 18	73 ◯ 4 = 69	48 ◯ 3 = 51
83 ◯ 8 = 91	93 ◯ 9 = 84	44 ◯ 9 = 53	52 ◯ 9 = 61	24 ◯ 9 = 15
83 ◯ 8 = 75	37 ◯ 6 = 43	49 ◯ 6 = 55	52 ◯ 8 = 44	42 ◯ 9 = 33
96 ◯ 7 = 89	25 ◯ 9 = 34	32 ◯ 7 = 25	39 ◯ 9 = 48	69 ◯ 2 = 71
88 ◯ 7 = 95	63 ◯ 8 = 71	85 ◯ 6 = 79	61 ◯ 7 = 54	51 ◯ 2 = 49

Kleine Aufgabe – große Aufgabe: Male gleich an!

Kistler/Schneider: Rechnen ohne Stolperstein, Band 3B. Illustrationen: Kristina Klotz

Kettenaufgaben

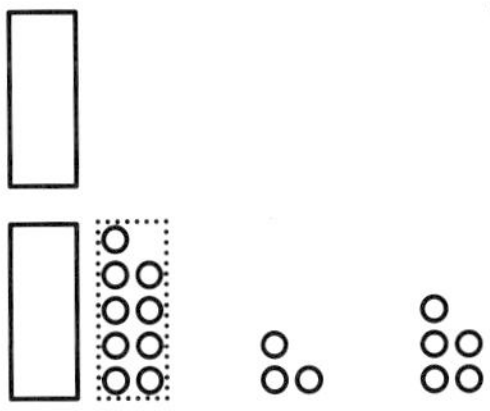

32

$29 + 3 + 5 = \square$

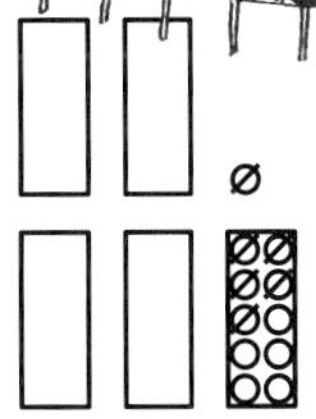

49

$51 - 2 - 4 = \square$

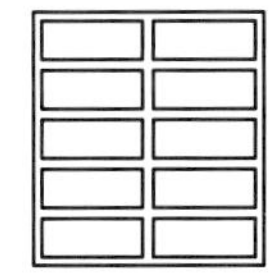

100

Zehnerübergang ZE ⊘ E

$19 + 4 + 6 = \square$	$29 + 2 + 6 = \square$	$92 - 4 - 5 = \square$	$53 - 6 - 2 = \square$
$57 + 5 + 5 = \square$	$44 + 8 + 2 = \square$	$76 - 8 - 3 = \square$	$84 - 7 - 6 = \square$
$35 + 6 + 3 = \square$	$67 + 5 + 1 = \square$	$81 - 7 - 1 = \square$	$67 - 9 - 2 = \square$
$48 + 5 + 4 = \square$	$34 + 9 + 3 = \square$	$43 - 4 - 5 = \square$	$78 - 9 - 6 = \square$

Rechne mit dem Zehnertrick!

$61 - 9 = \square$

$61 - 10 + 1$

$63 + 9 = \square$

$\square + \square - \square$

$74 - 9 = \square$

$\square - \square + \square$

$82 + 9 = \square$

$\square + \square - \square$

$32 - 8 = \square$

$\square - \square + \square$

$23 + 8 = \square$

$\square + \square - \square$

$91 - 8 = \square$

$\square - \square + \square$

$74 + 8 = \square$

$\square + \square - \square$

Finde Aufgaben: Die drei Freunde helfen dir!

100

Zehnerübergang
ZE ⊘ E

22 · 9 · 13

□ ○ □ ○ □
□ ○ □ ○ □
□ ○ □ ○ □
□ ○ □ ○ □

8 · 87 · 79

□ ○ □ ○ □
□ ○ □ ○ □
□ ○ □ ○ □
□ ○ □ ○ □

28 · 34 · 6

□ ○ □ ○ □
□ ○ □ ○ □
□ ○ □ ○ □
□ ○ □ ○ □

59 · 66 · 7

□ ○ □ ○ □
□ ○ □ ○ □
□ ○ □ ○ □
□ ○ □ ○ □

69 + 8 = 77
□ + □ = □
□ − □ = □
□ = □ + □

Findest du das Lösungswort?

63 + 36 = □	70 − 8 = □	78 − 52 = □	30 − 5 = □	83 − 6 = □
12 − 4 = □	66 + 8 = □	55 + 6 = □	26 + 5 = □	66 + 4 = □
56 − 7 = □	23 − 5 = □	71 − 3 = □	31 − 9 = □	95 − 9 = □
98 − 70 = □	20 + 4 = □	46 + 20 = □	55 + 23 = □	33 − 20 = □
6 + 8 = □	62 − 6 = □	59 − 8 = □	44 − 7 = □	23 + 4 = □
38 + 8 = □	69 + 3 = □	75 + 7 = □	87 + 4 = □	48 + 9 = □

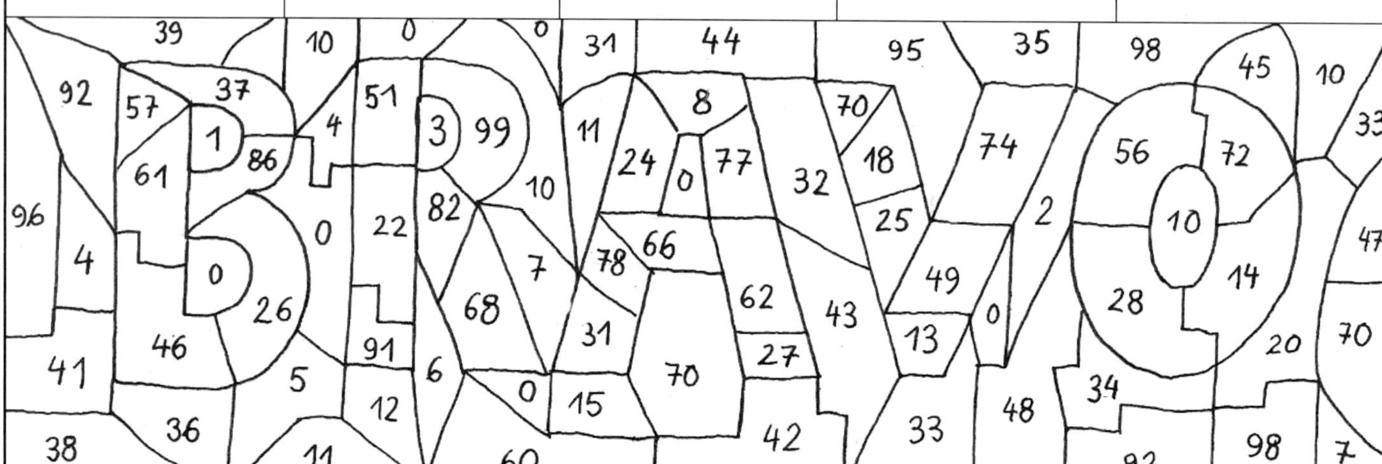

Kistler/Schneider: Rechnen ohne Stolperstein, Band 3B. Illustrationen: Kristina Klotz

Fehlersuche: Streiche falsche Aufgaben aus. Trage Buchstaben der richtigen Aufgaben unten ein.

100

ZE ⊘ E
mit und ohne Zehnerübergang

G: $69 + 8 = 77$	Ö: $82 + 9 = 91$
E: $59 + 5 = 63$	N: $17 - 7 = 10$
A: $45 - 8 = 37$	S: $78 + 9 = 87$
N: $14 + 8 = 22$	C: $32 - 5 = 27$
Z: $66 - 9 = 57$	H: $48 - 9 = 39$
C: $28 + 8 = 34$	Ä: $88 - 63 = 26$
S: $97 - 8 = 89$	L: $62 + 9 = 71$
C: $45 + 5 = 50$	A: $60 - 9 = 51$
H: $53 - 7 = 46$	U: $21 + 27 = 48$

Lösungssatz:

Was ist hier versteckt?

$24 + 5 =$ ☐☐	$25 - 4 =$ ☐☐	$45 + 6 =$ ☐☐
$79 + 3 =$ ☐☐	$77 + 7 =$ ☐☐	$41 - 9 =$ ☐☐
$34 - 9 =$ ☐☐	$87 - 9 =$ ☐☐	$31 + 6 =$ ☐☐
$91 - 4 =$ ☐☐	$59 + 2 =$ ☐☐	$59 + 9 =$ ☐☐
$72 + 4 =$ ☐☐	$84 + 2 =$ ☐☐	$57 - 8 =$ ☐☐
$46 + 5 =$ ☐☐	$67 - 8 =$ ☐☐	$26 + 8 =$ ☐☐
$45 - 3 =$ ☐☐	$94 - 2 =$ ☐☐	$64 + 7 =$ ☐☐
$32 - 7 =$ ☐☐	$66 + 8 =$ ☐☐	$88 + 9 =$ ☐☐
$55 - 3 =$ ☐☐	$79 - 4 =$ ☐☐	$52 + 6 =$ ☐☐
$82 - 3 =$ ☐☐	$37 - 9 =$ ☐☐	$71 - 6 =$ ☐☐
$34 + 9 =$ ☐☐	$21 - 8 =$ ☐☐	$78 + 7 =$ ☐☐
$44 + 3 =$ ☐☐	$91 + 4 =$ ☐☐	$69 - 5 =$ ☐☐

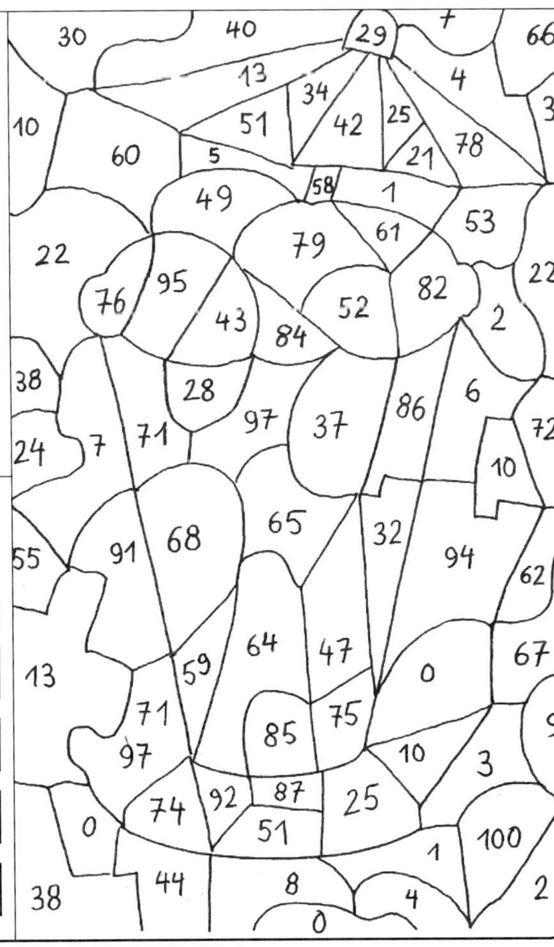

Gut nachdenken!

100
Zehnerübergang
ZE ⊘ E

73 − 7 = □□	37 − 5 = □□	82 + 9 = □□	28 + 3 = □□	
69 + 8 = □□	64 − 5 = □□	34 − 6 = □□	97 − 3 = □□	
90 + 3 = □□	73 − 50 = □□	71 − 9 = □□	42 − 3 = □□	
86 − 8 = □□	78 + 9 = □□	84 + 10 = □□	45 + 5 = □□	
94 − 42 = □□	22 − 8 = □□	21 + 27 = □□	37 + 8 = □□	57 + 9 = □□
65 + 4 = □□	25 + 60 = □□	47 + 9 = □□	60 − 9 = □□	60 + 6 = □□

Rechne mit dem Ergebnis weiter!

17 + 5 = □□ + 9 = □□ − 7 = □□ + 8 = □□ − 22 = □□ − 10 = □□

100 − 17 = □□ − 8 = □□ + 7 = □□ − 41 = □□ − 6 = □□ + 15 = □□

78 + 7 = □□ − 9 = □□ + 23 = □□ − 18 = □□ − 9 = □□ + 28 = □□

Rechentabelle

	+5	−5	+8	−8	+4	−4	+7	−7
35	40	30						
47								
89								
91								
56								
62								

Kistler/Schneider: Rechnen ohne Stolperstein, Band 3B. Illustrationen: Kristina Klotz

± Plus- und Minusaufgaben kannst du auch so aufschreiben:

100

Zehnerübergang ZE
± E

	Zehner	Einer
	2	8
		3
+	1	
=		1

	Zehner	Einer
	3	2
	1	
−		4
=		

Einer verändern die Zehner! Rechne.

	Zehner	Einer
	5	6
		6
+		
=		

	Zehner	Einer
	6	3
	1	
−		6
=		

	Zehner	Einer
	3	8
		7
+		
=		

	Zehner	Einer
	4	3
	1	
−		9
=		

	Zehner	Einer
	5	9
		6
+		
=		

	Zehner	Einer
	9	5
−		9
=		

	Zehner	Einer
	2	7
		6
+		
=		

	Zehner	Einer
	6	8
		4
+		
=		

	Zehner	Einer
	4	6
−		8
=		

	Zehner	Einer
	7	5
		8
+		
=		

Rechengeschichten

100

Zehnerübergang
ZE ⊘ E

Selma hat sich 25 Zuckerkerzen gekauft.
Sie schenkt ihrer Freundin 8 davon.
Wie viele süße Kerzen hat sie noch?

Wir rechnen: ☐☐ ○ ☐☐ ○ ☐☐

Wir antworten: ____________________

Barbara hat zu ihrem Geburtstag 40 Euro geschenkt bekommen.
Sie kauft sich für 4 Euro Dinosaurier aus Fruchtgummi.
Wie viel Geld hat sie noch?

Wir rechnen: ☐☐ ○ ☐☐ ○ ☐☐

Wir antworten: ____________________

Anna kauft sich 2 Schaufeln voll weiße Gummimäuse. Sie zählt sie. Es sind 27 Stück.
Die Verkäuferin steckt nach dem Wiegen noch 4 dazu.
Wie viele Mäuse hat sie jetzt?

Wir rechnen: ☐☐ ○ ☐☐ ○ ☐☐

Wir antworten: ____________________

Im Regal stehen 66 blaue Lollis. Die Verkäuferin hat noch einen Rest rote Lollis.
Sie stellt die 7 roten Lollis zu den blauen.
Wie viele Lollis stehen im Regal?

Wir rechnen: ☐☐ ○ ☐☐ ○ ☐☐

Wir antworten: ____________________

Die Verkäuferin öffnet einen neuen Karton mit Zuckerfiguren.
Er enthält 75 Stück. Leider sind bei 7 Figuren Teile abgebrochen.
Wie viele ganze Figuren sind im Karton?

Wir rechnen: ☐☐ ○ ☐☐ ○ ☐☐

Wir antworten: ____________________

Mutter kauft für Rolands Kindergeburtstag 18 schwarze Schokoküsse
und 9 weiße Schokoküsse.
Wie viele Schokoküsse gibt es am Geburtstag?

Wir rechnen: ☐☐ ○ ☐☐ ○ ☐☐

Wir antworten: ____________________

Kistler/Schneider: Rechnen ohne Stolperstein, Band 3B. Illustrationen: Kristina Klotz

Rechengeschichten

100

Zehnerübergang
ZE ⊘ E

Selim hat 31 Cola-Lutscher zu Hause.
Für den Ausflug nimmt er sich 5 Lutscher mit.
Wie viele Lutscher hat er noch daheim?

Wir rechnen:

Wir antworten: ______________________

Dilek kauft sich ein Glas mit 36 bunten Kugeln Kaugummi.
In der Hosentasche findet sie noch 7 Kugeln.
Wie viele Kugeln Kaugummi hat Dilek insgesamt?

Wir rechnen:

Wir antworten: ______________________

Ich denke mir eine Zahl:
Die Zahl ist um 6 kleiner als 84.

Wir antworten: ______________________

Ich denke mir eine Zahl:
Wenn ich zu dieser Zahl 26 dazurechne, kommt 99 heraus.

Wir antworten: ______________________

Ich denke mir eine Zahl:
Von dieser Zahl rechne ich 2 weg.
Jetzt kommt 29 heraus.

Wir antworten: ______________________

Ich denke mir eine Zahl:
Die Zahl ist um 4 größer als 31
und um 6 kleiner als 41.

Wir antworten: ______________________

Wie viele Zehner werden es?

100

Sonderfälle 2
ZE ⊕ ZE = Z

26 + 14 = ☐☐	44 + 36 = ☐☐	75 + 15 = ☐☐	
62 + 28 = ☐☐	37 + 43 = ☐☐	18 + 52 = ☐☐	45 + 35 = ☐☐

Überlege dir das Ergebnis gut!

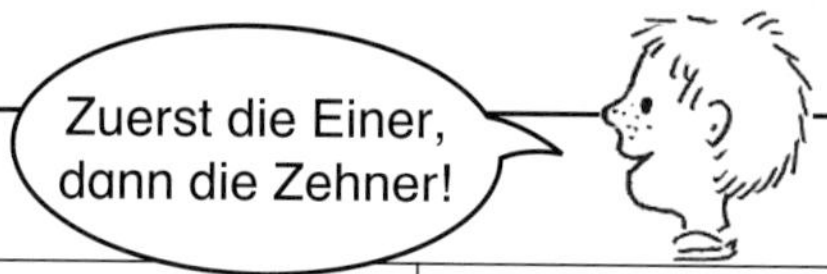

66 + 24 = ☐☐	13 + 27 = ☐☐	34 + 56 = ☐☐	57 + 13 = ☐☐
73 + 17 = ☐☐	62 + 18 = ☐☐	52 + 28 = ☐☐	31 + 59 = ☐☐

Kistler/Schneider: Rechnen ohne Stolperstein, Band 3B. Illustrationen: Kristina Klotz

Wird der nächste Zehner voll?

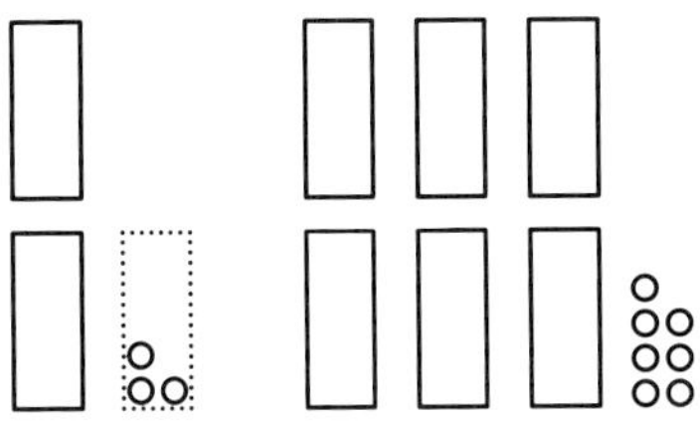

23 + 67 = ☐

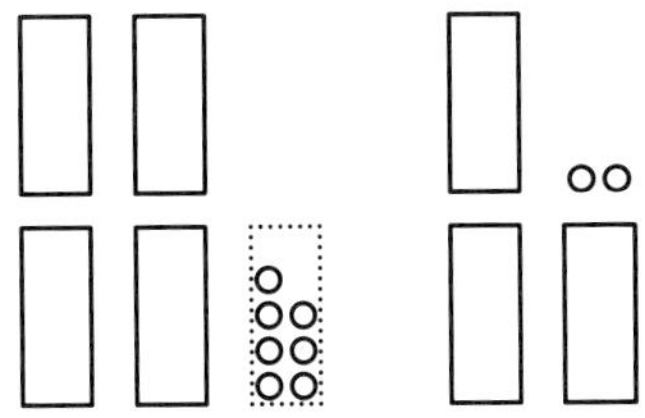

47 + 32 = ☐

100

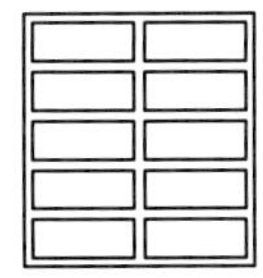

Sonderfälle 2
ZE ⊕ ZE = Z

67 + 23 = ☐	51 + 38 = ☐	25 + 25 = ☐	62 + 36 = ☐	54 + 44 = ☐
71 + 19 = ☐	75 + 15 = ☐	42 + 28 = ☐	55 + 15 = ☐	72 + 18 = ☐
35 + 53 = ☐	91 + 8 = ☐	33 + 48 = ☐	27 + 63 = ☐	23 + 23 = ☐
41 + 39 = ☐	21 + 49 = ☐	16 + 72 = ☐	11 + 59 = ☐	36 + 34 = ☐
53 + 27 = ☐	12 + 82 = ☐	56 + 24 = ☐	74 + 15 = ☐	45 + 15 = ☐
84 + 13 = ☐	63 + 17 = ☐	32 + 18 = ☐	24 + 36 = ☐	88 + 11 = ☐

Verdoppeln

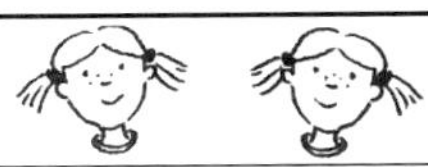

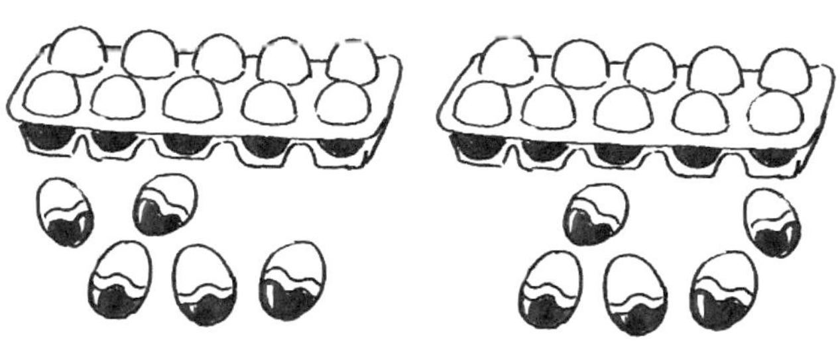

15 ⊕ 15 ⊜ ☐

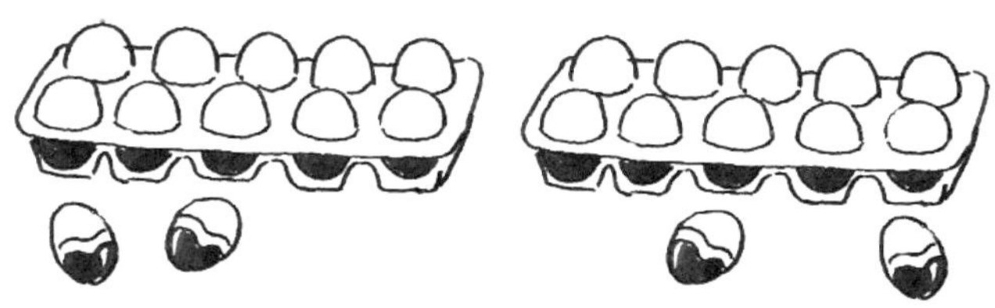

12 ⊕ ☐ ⊜ ☐

9 ⊕ ☐ ⊜ ☐	11 ⊕ ☐ ⊜ ☐	8 ⊕ ☐ ⊜ ☐	50 ⊕ ☐ ⊜ ☐
34 ○ ☐ ○ ☐	21 ○ ☐ ○ ☐	25 ○ ☐ ○ ☐	42 ○ ☐ ○ ☐
20 ○ ☐ ○ ☐	23 ○ ☐ ○ ☐	33 ○ ☐ ○ ☐	40 ○ ☐ ○ ☐
32 ○ ☐ ○ ☐	30 ○ ☐ ○ ☐	14 ○ ☐ ○ ☐	31 ○ ☐ ○ ☐
44 ○ ☐ ○ ☐	13 ○ ☐ ○ ☐	45 ○ ☐ ○ ☐	7 ○ ☐ ○ ☐
10 ○ ☐ ○ ☐	41 ○ ☐ ○ ☐	22 ○ ☐ ○ ☐	35 ○ ☐ ○ ☐

⊕ Plusaufgaben kannst du auch so aufschreiben:

100

Sonderfälle 2

ZE
⊕ ZE
Z

Zehner	Einer
4	9
1	1
⊕ 1	
=	

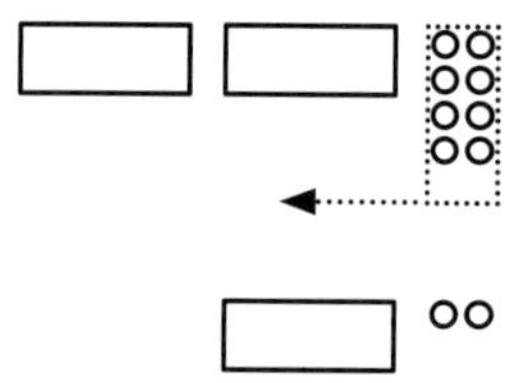

Zehner	Einer
2	8
1	2
⊕	
=	

Ein Zehner wird voll!

Zehner	Einer
3	8
1	2
⊕	

Zehner	Einer
3	6
2	4
⊕	

Zehner	Einer
7	9
1	1
⊕	

Zehner	Einer
2	5
4	5
⊕	

Zehner	Einer
5	7
1	3
⊕	

Zehner	Einer
6	9
2	1
⊕	

Zehner	Einer
1	3
7	7
⊕	

Zehner	Einer
5	2
2	8
⊕	

Zehner	Einer
3	6
4	4
⊕	

Zehner	Einer
7	5
1	5
⊕	

Kistler/Schneider: Rechnen ohne Stolperstein, Band 3B. Illustrationen: Kristina Klotz

Der letzte Zehner wird aufgemacht! Rechne.

100

Sonderfälle 2
Z ⊖ ZE

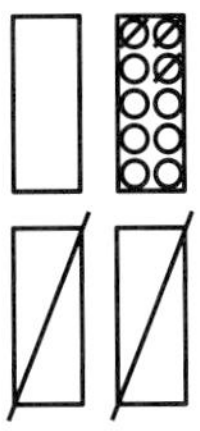

$40 - 23 =$ ☐☐

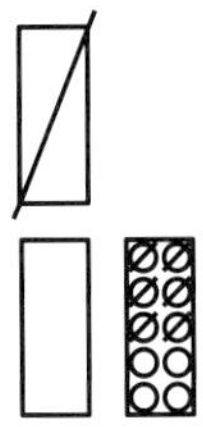

$30 - 16 =$ ☐☐

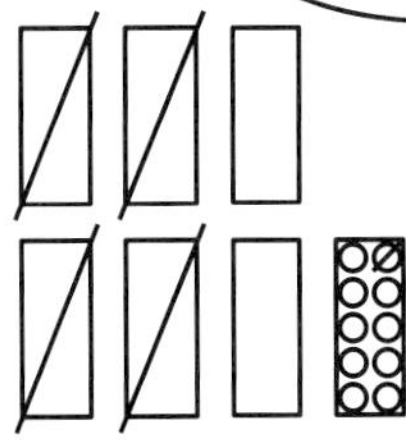

$70 - 41 =$ ☐☐

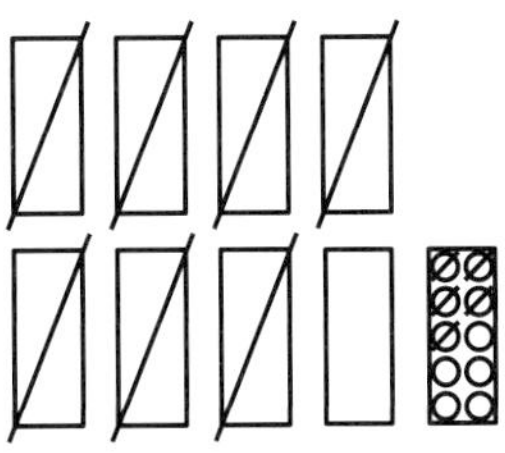

$90 - 75 =$ ☐☐

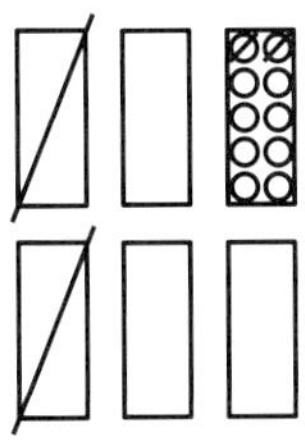

$60 - 22 =$ ☐☐

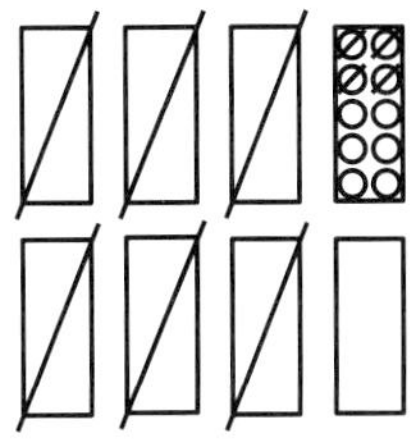

$80 - 64 =$ ☐☐

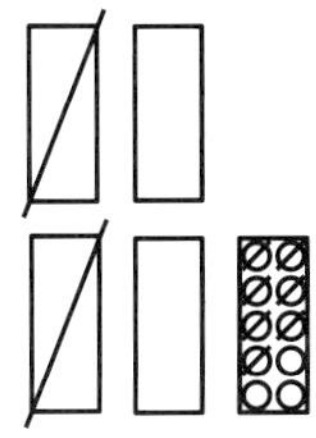

$50 - 27 =$ ☐☐

Mache zuerst einen Zehner auf!

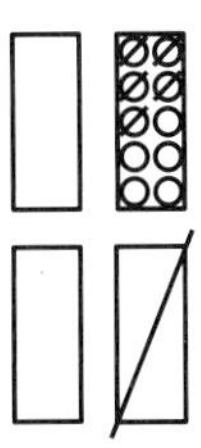

$40 - 15 =$ ☐☐

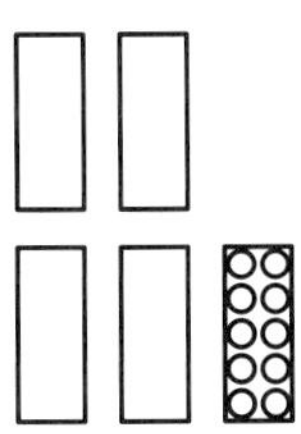

$50 - 28 =$ ☐☐

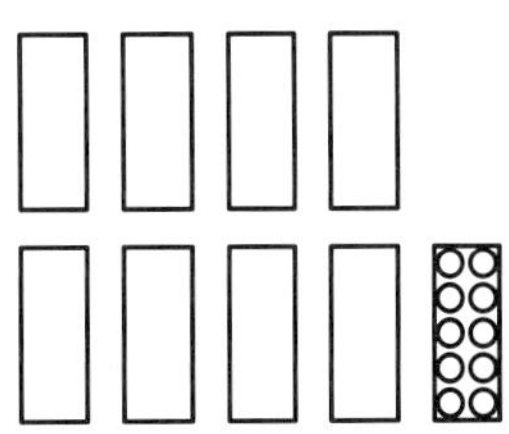

$90 - 66 =$ ☐☐

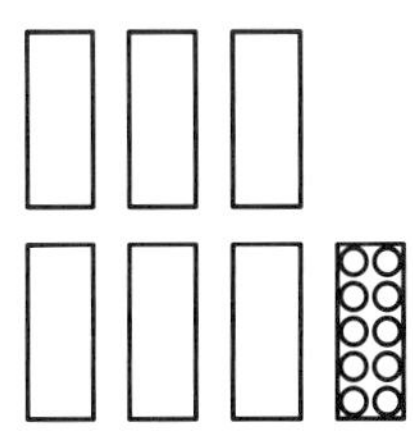

$70 - 52 =$ ☐☐

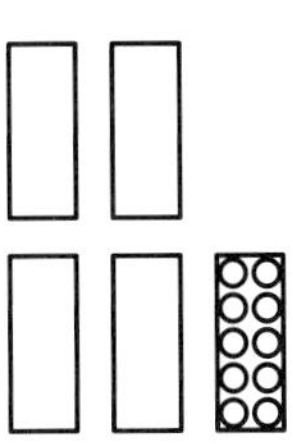

$50 - 32 =$ ☐☐

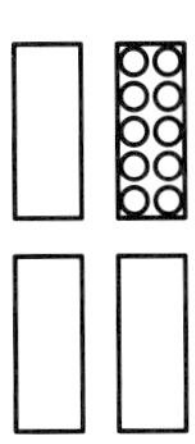

$40 - 11 =$ ☐☐

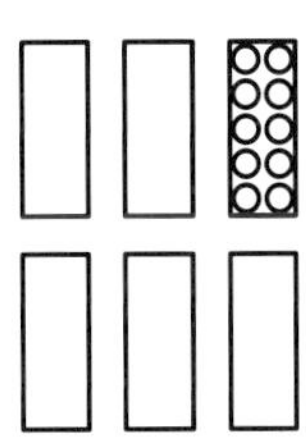

$60 - 43 =$ ☐☐

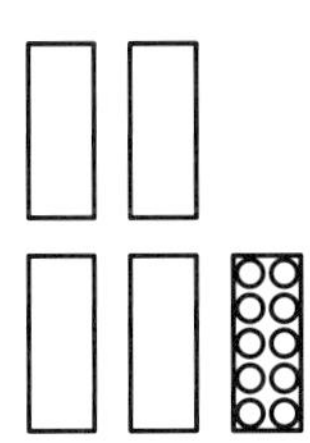

$50 - 19 =$ ☐☐

Wird der letzte Zehner aufgemacht?

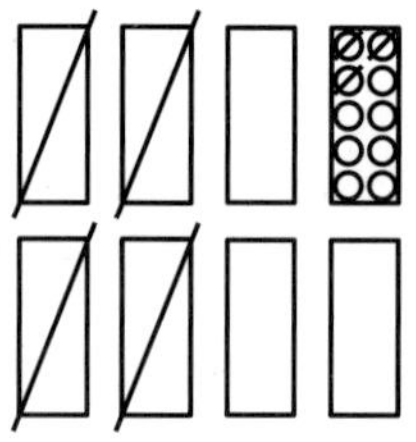

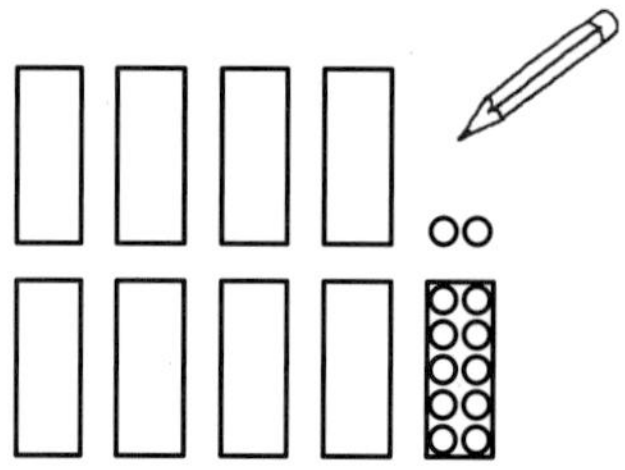

Sonderfälle 2
Z ⊖ ZE

80 − 43 = ☐☐

92 − 21 = ☐☐

40 − 24 = ☐☐	78 − 48 = ☐☐	44 − 31 = ☐☐	40 − 14 = ☐☐	50 − 37 = ☐☐
37 − 13 = ☐☐	90 − 43 = ☐☐	98 − 78 = ☐☐	30 − 17 = ☐☐	90 − 58 = ☐☐
30 − 12 = ☐☐	80 − 2 = ☐☐	50 − 13 = ☐☐	35 − 31 = ☐☐	79 − 57 = ☐☐
60 − 42 = ☐☐	60 − 28 = ☐☐	70 − 22 = ☐☐	75 − 45 = ☐☐	70 − 37 = ☐☐
80 − 36 = ☐☐	90 − 60 = ☐☐	50 − 5 = ☐☐	60 − 44 = ☐☐	40 − 5 = ☐☐
50 − 35 = ☐☐	40 − 19 = ☐☐	100 − 41 = ☐☐	70 − 51 = ☐☐	80 − 34 = ☐☐

Halbieren

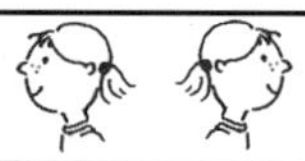

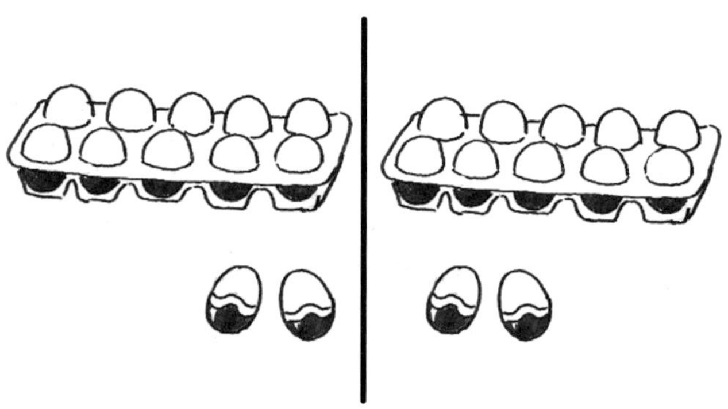

24 ⊜ 12 ⊕ ☐☐

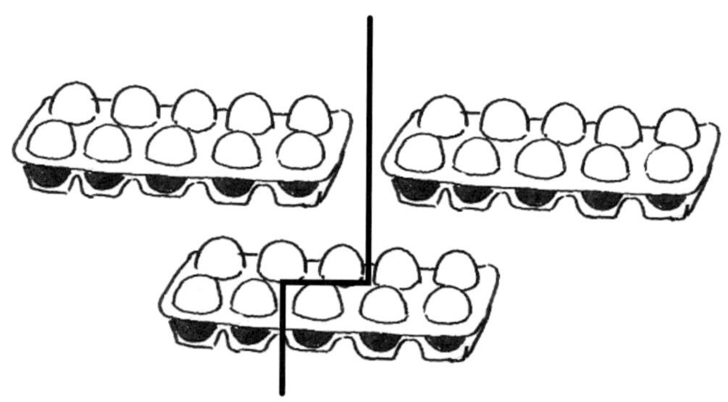

30 ⊜ ☐☐ ⊕ ☐☐

26 ⊜ ☐☐ ⊕ ☐☐	68 ⊜ ☐☐ ⊕ ☐☐	80 ⊜ ☐☐ ⊕ ☐☐	50 ⊜ ☐☐ ⊕ ☐☐
84 ○ ☐☐ ○ ☐☐	22 ○ ☐☐ ○ ☐☐	28 ○ ☐☐ ○ ☐☐	44 ○ ☐☐ ○ ☐☐
66 ○ ☐☐ ○ ☐☐	20 ○ ☐☐ ○ ☐☐	30 ○ ☐☐ ○ ☐☐	70 ○ ☐☐ ○ ☐☐
48 ○ ☐☐ ○ ☐☐	24 ○ ☐☐ ○ ☐☐	14 ○ ☐☐ ○ ☐☐	88 ○ ☐☐ ○ ☐☐
60 ○ ☐☐ ○ ☐☐	46 ○ ☐☐ ○ ☐☐	40 ○ ☐☐ ○ ☐☐	90 ○ ☐☐ ○ ☐☐
42 ○ ☐☐ ○ ☐☐	82 ○ ☐☐ ○ ☐☐	100 ○ ☐☐ ○ ☐☐	64 ○ ☐☐ ○ ☐☐

Kistler/Schneider: Rechnen ohne Stolperstein, Band 3B. Illustrationen: Kristina Klotz

⊖ Minusaufgaben kannst du auch so aufschreiben:

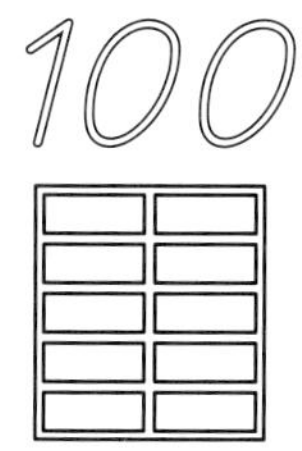

Sonderfälle 2 ZE
⊖ ZE

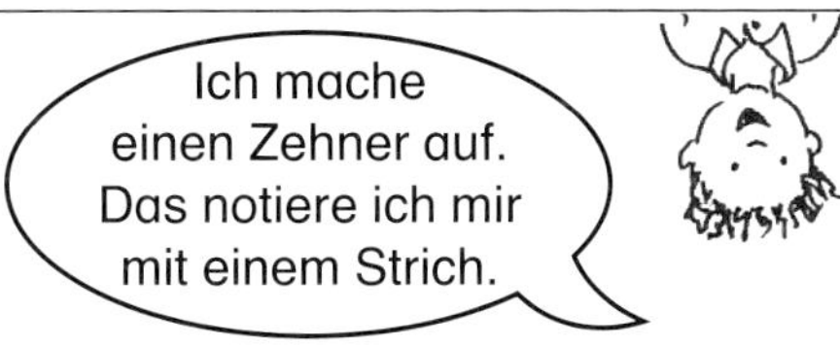

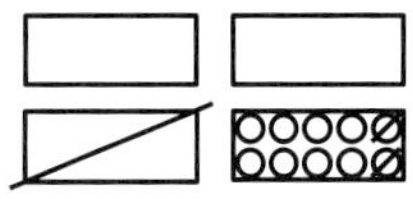

	Zehner	Einer
	4	0
	|	
⊖	1	2
⊜		

0 minus 2
geht nicht!

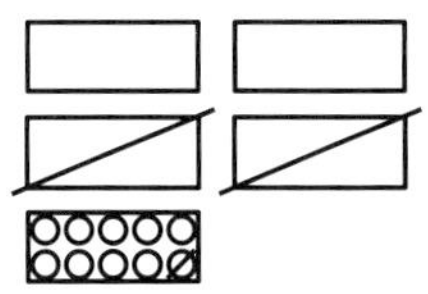

	Zehner	Einer
	5	0
	|	
⊖	2	1
⊜		

Übe weiter und lege mit Plättchen!

	Zehner	Einer
	7	0
⊖	1	6

	Zehner	Einer
	9	0
⊖	3	2

	Zehner	Einer
	5	0
⊖	4	8

	Zehner	Einer
	6	0
⊖	4	7

	Zehner	Einer
	8	0
⊖	3	2

	Zehner	Einer
	4	0
⊖	3	9

	Zehner	Einer
	9	0
⊖	4	8

	Zehner	Einer
	7	0
⊖	2	9

Für Spürnasen: Rechne zuerst, finde dann eine passende Aufgabe!

100

Gemischte Aufgaben

35 + 35 = __	49 + 11 = __
9 + 9 = __	71 + 29 = __
15 + 15 = __	27 + 13 = __
__ ○ __ ○ __	__ ○ __ ○ __

100 − 14 = __	98 + 2 = __	49 − 39 = __
90 − 14 = __	80 + 20 = __	74 − 64 = __
80 − 14 = __	31 + 69 = __	96 − 86 = __
__ ○ __ ○ __	__ ○ __ ○ __	__ ○ __ ○ __

Was ist hier versteckt?

28 + 22 = __	61 + 12 = __	42 − 0 = __	47 + 3 = __	43 + 41 = __
34 + 8 = __	90 − 6 = __	68 + 5 = __	60 − 9 = __	82 − 40 = __
35 + 1 = __	82 + 2 = __	82 − 40 = __	16 + 20 = __	30 + 6 = __
50 − 14 = __	40 + 2 = __	45 + 25 = __	15 − 7 = __	7 + 7 = __
62 + 8 = __	42 − 6 = __	6 + 8 = __	43 + 30 = __	40 − 4 = __
94 − 10 = __	91 − 41 = __	16 − 9 = __	8 + 8 = __	100 − 16 = __

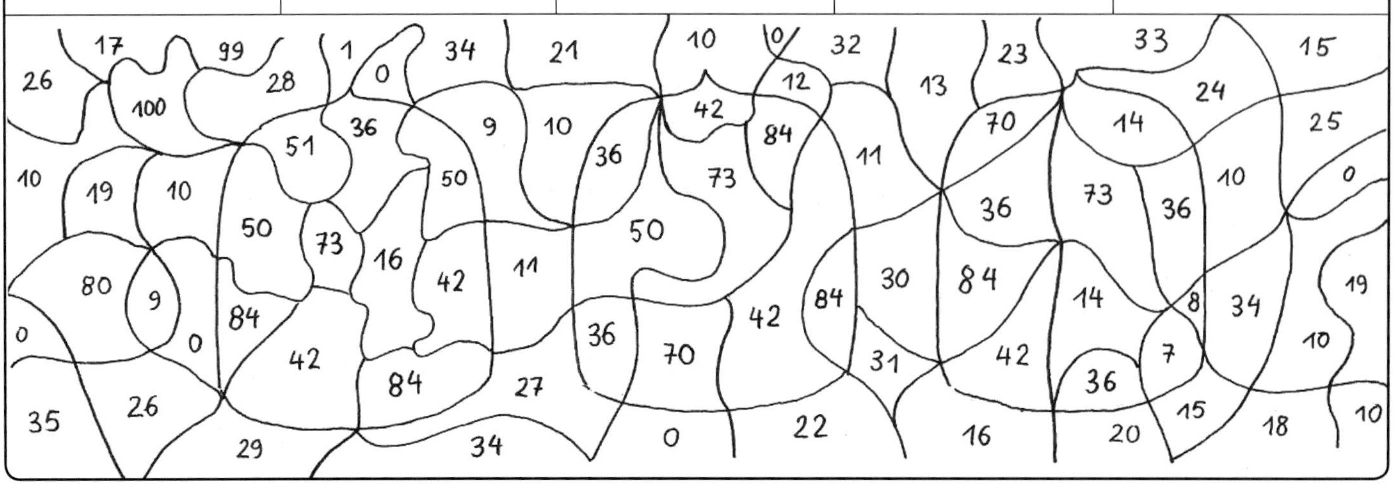

Kistler/Schneider: Rechnen ohne Stolperstein, Band 3B. Illustrationen: Kristina Klotz

Rechengeschichten

100

Sonderfälle 2

Frau Scheibe kauft im Kaufhaus 14 große Maikäfer aus Schokolade und 36 kleine Käfer.
Wie viele Käfer kauft sie zusammen?

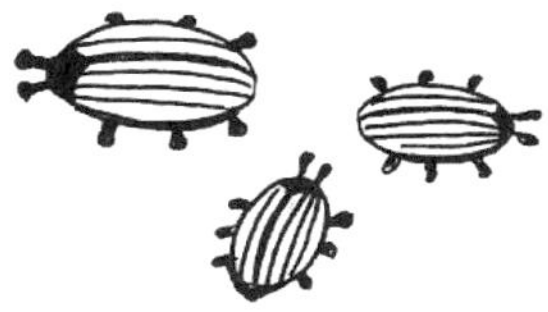

Wir rechnen: ☐☐ ○ ☐☐ ○ ☐☐

Wir antworten: ______________________

Herr Wittmann legt eine Tasche mit 50 Schokoküssen ins Auto.
Frau Wittmann setzt sich versehentlich darauf. 13 davon zerbrechen.
Wie viele Schokoküsse sind noch ganz?

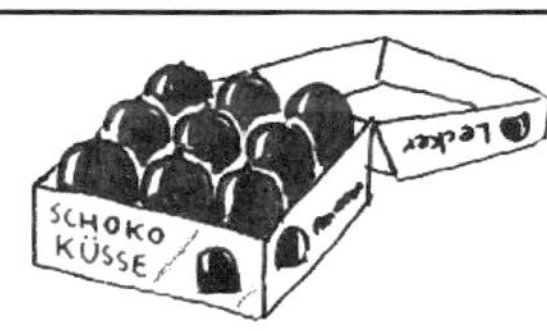

Wir rechnen: ☐☐ ○ ☐☐ ○ ☐☐

Wir antworten: ______________________

Im Glas ist ein Rest von 36 Sauren Pommes.
Der Verkäufer füllt das Glas mit 64 weiteren Pommes auf.
Wie viele Pommes sind jetzt im Glas?

Wir rechnen: ☐☐ ○ ☐☐ ○ ☐☐

Wir antworten: ______________________

In der Auslage liegen 60 Zuckerelefanten.
Frau Topf kauft für Wolframs Geburtstagstorte 17 Stück.
Wie viele Elefanten liegen noch in der Auslage?

Wir rechnen: ☐☐ ○ ☐☐ ○ ☐☐

Wir antworten: ______________________

Für den Ausflug nimmt sich Susanne 40 Saure Apfelringe mit.
Sie schenkt ihrem Freund Paul 16 Stück.
Wie viele Apfelringe hat sie jetzt noch?

Wir rechnen: ☐☐ ○ ☐☐ ○ ☐☐

Wir antworten: ______________________

Volker beklagt sich: „Mir ist schlecht! Ich habe 21 Gummibärchen und 29 Maoam gegessen.“
Wie viele Süßigkeiten hat er gegessen?

Wir rechnen: ☐☐ ○ ☐☐ ○ ☐☐

Wir antworten: ______________________

Für schlaue Köpfe!

100
Gemischte Aufgaben

41 − 8 = ☐	85 + 10 = ☐	70 + 9 = ☐	30 + 5 = ☐
97 − 34 = ☐	26 + 34 = ☐	94 − 8 = ☐	17 − 9 = ☐
60 − 8 = ☐	68 + 7 = ☐	43 + 22 = ☐	58 + 4 = ☐
36 + 4 = ☐	30 − 7 = ☐	22 − 1 = ☐	33 − 21 = ☐
54 + 31 = ☐	70 − 27 = ☐	8 + 4 = ☐	60 − 15 = ☐
79 + 3 = ☐	45 − 10 = ☐	81 − 50 = ☐	49 + 21 = ☐

Was ist passiert? ⊕ oder ⊖ ?

99 ○ 7 ○ 92	44 ○ 7 ○ 37	14 ○ 5 ○ 9
69 ○ 1 ○ 70	41 ○ 40 ○ 1	56 ○ 41 ○ 97
50 ○ 6 ○ 44	9 ○ 2 ○ 11	87 ○ 8 ○ 95
35 ○ 55 ○ 90	62 ○ 7 ○ 55	80 ○ 72 ○ 8

Rechentraining

23 + 61 = ☐	90 − 52 = ☐	40 − 1 = ☐	43 + 2 = ☐	52 + 1 = ☐
22 + 9 = ☐	14 − 9 = ☐	73 + 7 = ☐	27 − 7 = ☐	88 − 41 = ☐
90 − 61 = ☐	85 − 8 = ☐	38 − 20 = ☐	84 + 14 = ☐	58 + 10 = ☐
75 − 24 = ☐	48 + 2 = ☐	35 + 6 = ☐	90 − 51 = ☐	90 + 2 = ☐
35 + 30 = ☐	72 − 30 = ☐	68 + 22 = ☐	45 + 25 = ☐	40 − 2 = ☐
55 − 2 = ☐	96 − 7 = ☐	11 − 8 = ☐	55 − 21 = ☐	66 − 50 = ☐

Rechne mit dem Ergebnis weiter!

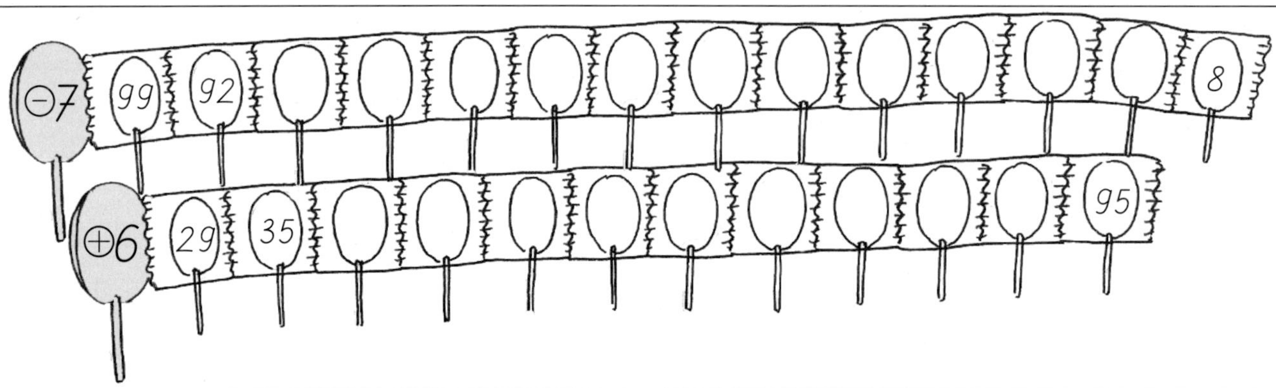

Kistler/Schneider: Rechnen ohne Stolperstein, Band 3B. Illustrationen: Kristina Klotz

Verbinde: Immer 2 Aufgaben haben das gleiche Ergebnis!

100

Gemischte Aufgaben

68 − 40 =	33 + 27 =		
89 + 6 =	55 + 32 =		
73 + 14 =	69 − 61 =		
14 − 6 =	100 − 5 =	49 − 32 =	39 − 32 =
97 − 37 =	8 + 8 =	42 + 51 =	11 + 82 =
50 − 34 =	99 − 16 =	29 + 8 =	88 − 51 =
73 + 9 =	32 − 4 =	100 − 8 =	14 + 13 =
78 + 5 =	61 + 21 =	34 − 7 =	87 + 5 =

Wie heißt der Lösungssatz?

41 + 10 = ☐☐	37 + 5 = ☐☐	14 + 26 = ☐☐	32 + 8 = ☐☐	78 − 36 − ☐☐
55 + 13 = ☐☐	90 − 39 = ☐☐	27 + 13 = ☐☐	99 − 31 = ☐☐	60 − 20 = ☐☐
15 − 7 = ☐☐	80 − 20 = ☐☐	87 + 6 = ☐☐	98 − 5 = ☐☐	80 − 40 = ☐☐
72 + 5 = ☐☐	16 − 8 = ☐☐	98 − 78 = ☐☐	64 − 52 = ☐☐	48 − 40 = ☐☐
93 − 81 = ☐☐	79 − 71 = ☐☐	83 − 6 = ☐☐	75 − 35 = ☐☐	12 + 28 = ☐☐
99 − 6 = ☐☐	86 − 9 = ☐☐	60 + 8 = ☐☐	69 − 61 = ☐☐	77 − 65 = ☐☐

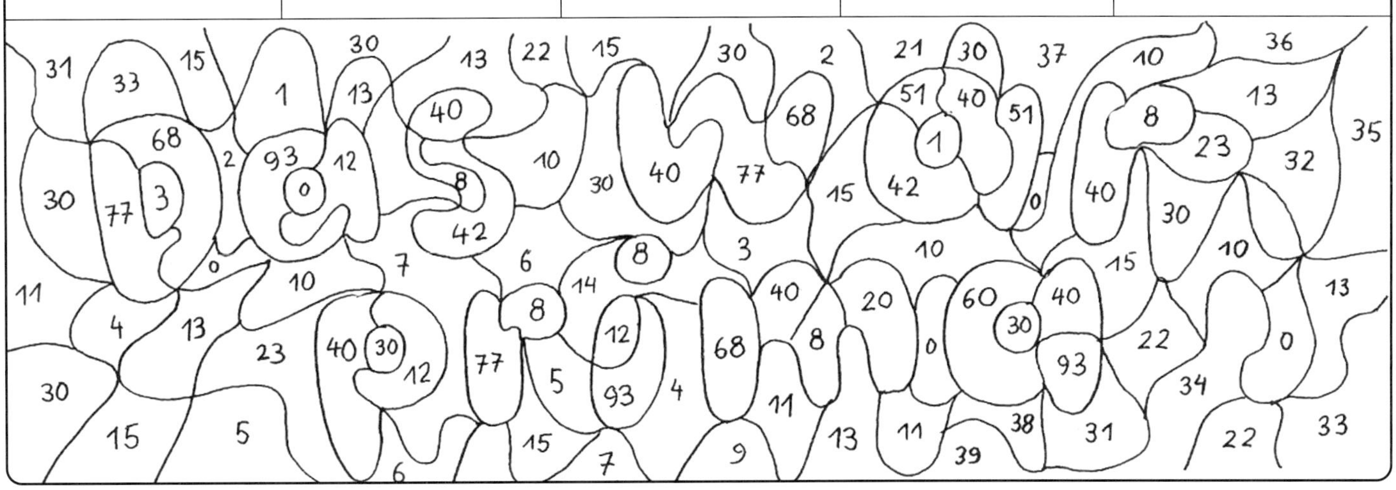

Im Supermarkt: Zehner und Einer ändern sich!

100

Zehnerübergang
ZE ⊕ ZE

25 + 27

25 + 7 = 32

32 + 20 = 52

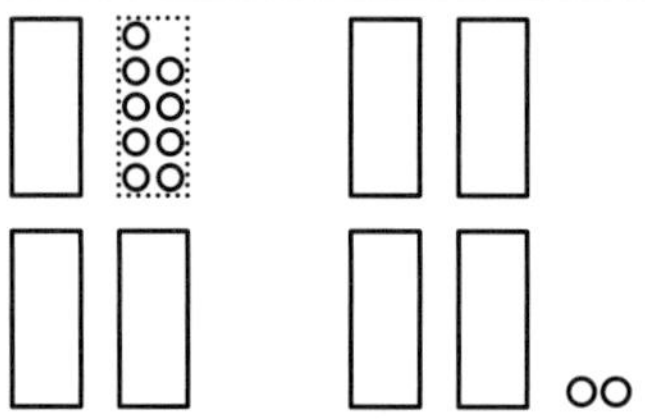

39 + 42

☐☐ + ☐ = ☐☐

☐☐ + ☐☐ = ☐☐

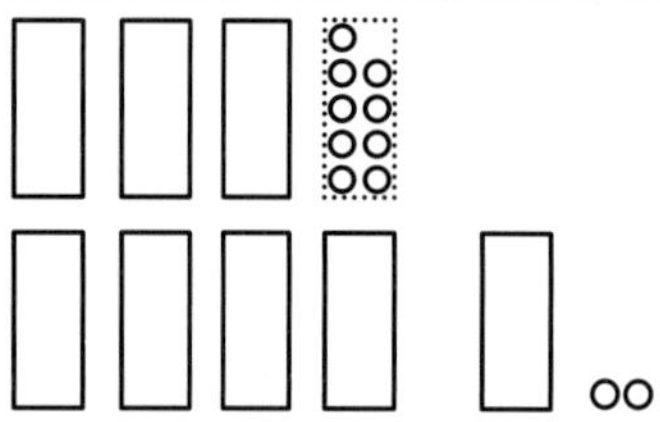

79 + 12

☐☐ + ☐ = ☐☐

☐☐ + ☐☐ = ☐☐

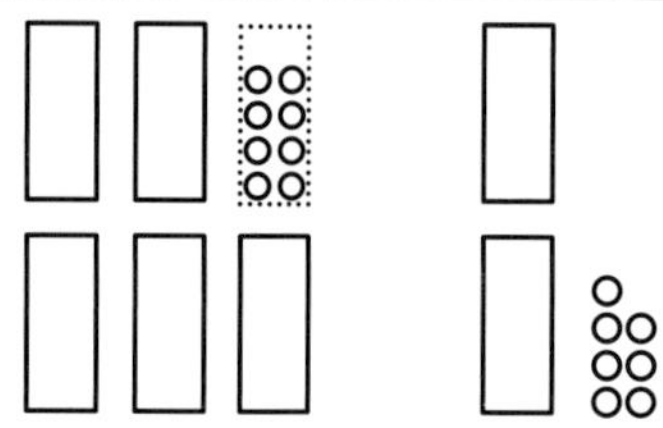

58 + 27

☐☐ + ☐ = ☐☐

☐☐ + ☐☐ = ☐☐

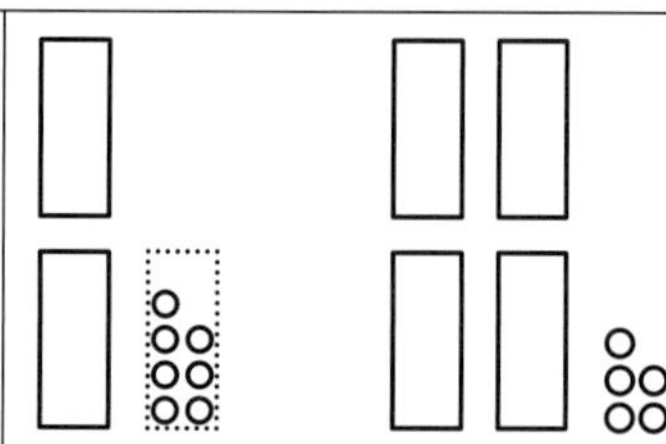

27 + 45

☐☐ + ☐ = ☐☐

☐☐ + ☐☐ = ☐☐

Zehner und Einer verändern sich! Rechne.

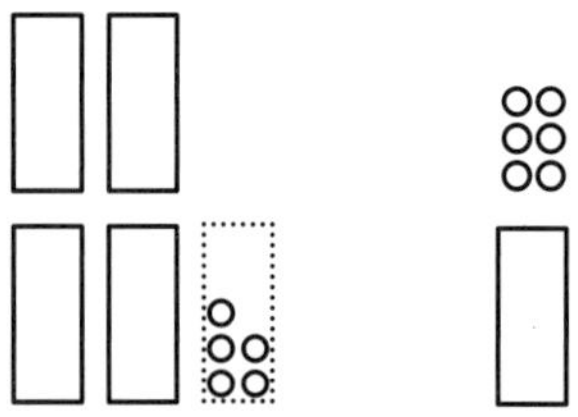

45 + 16

☐☐ + ☐ = ☐☐

☐☐ + ☐☐ = ☐☐

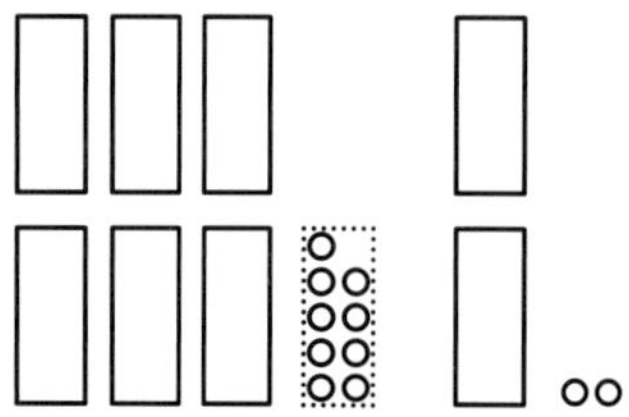

69 + 22

☐☐ + ☐ = ☐☐

☐☐ + ☐☐ = ☐☐

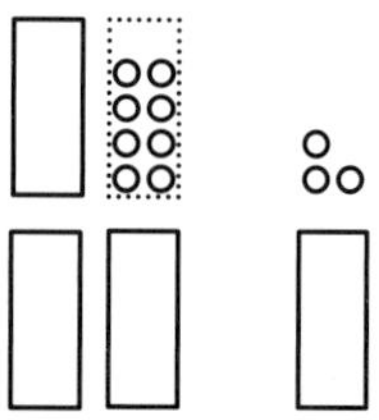

38 + 13

☐☐ + ☐ = ☐☐

☐☐ + ☐☐ = ☐☐

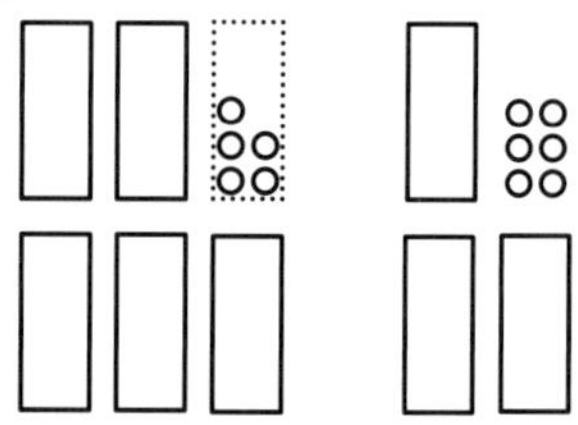

55 + 36

☐☐ + ☐ = ☐☐

☐☐ + ☐☐ = ☐☐

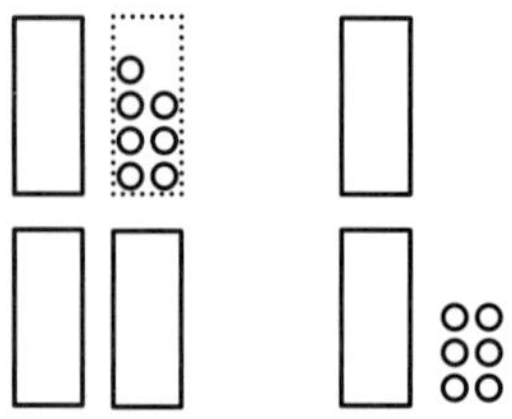

37 + 26

☐☐ + ☐ = ☐☐

☐☐ + ☐☐ = ☐☐

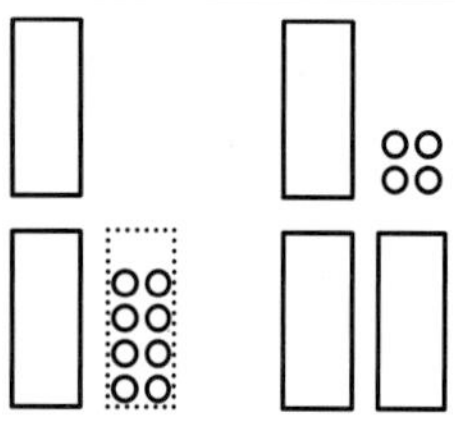

28 + 34

☐☐ + ☐ = ☐☐

☐☐ + ☐☐ = ☐☐

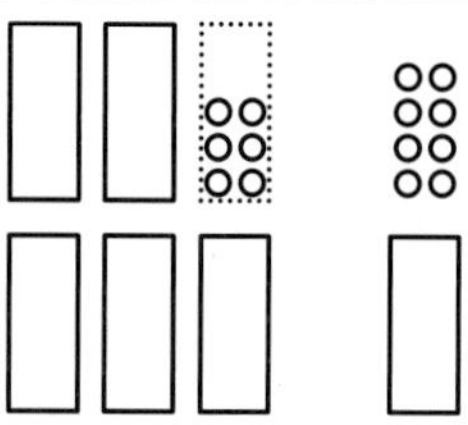

56 + 18

☐☐ + ☐ = ☐☐

☐☐ + ☐☐ = ☐☐

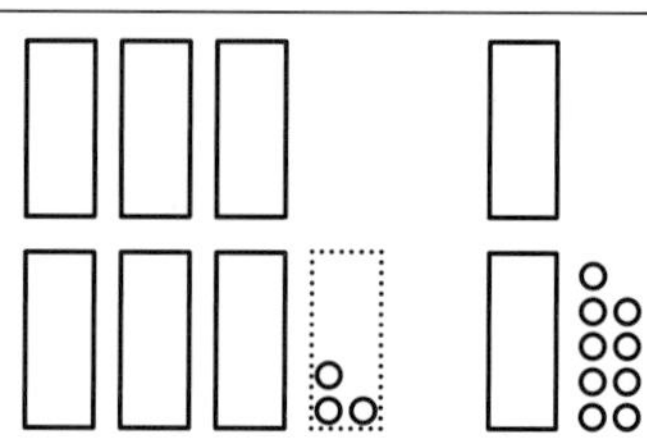

63 + 29

☐☐ + ☐ = ☐☐

☐☐ + ☐☐ = ☐☐

Kistler / Schneider: Rechnen ohne Stolperstein, Band 3B. Illustrationen: Kristina Klotz

Fülle den letzten Zehner auf!

100

Zehnerübergang
ZE ⊕ ZE

47 + 36

66 + 17

48 + 24

78 + 14

24 + 27

65 + 27

34 + 19

Rechne in zwei Schritten!

47 + 14

36 + 17

48 + 34

69 + 24

26 + 15

34 + 29

67 + 14

32 + 19

57 + 36

29 + 23

48 + 25

27 + 18

37 + 36

38 + 34

24 + 18

45 + 29

Male die Rechnung!

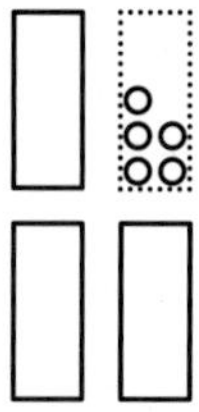

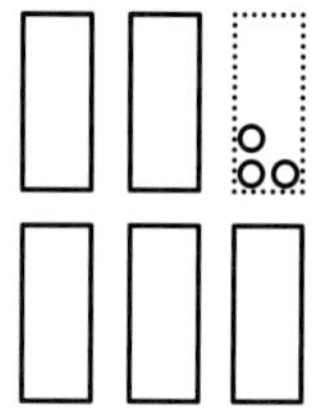

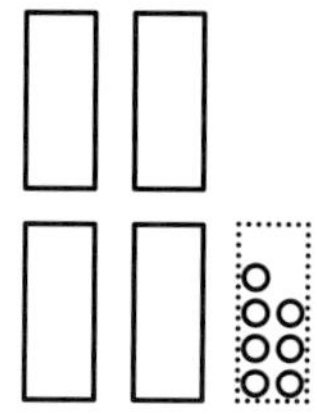

35 + 27	53 + 19	47 + 28	
35 + 28	54 + 39	74 + 18	44 + 47
57 + 16	67 + 27	45 + 39	56 + 26

Rechne in zwei Schritten!

25 + 47	65 + 19	59 + 38	39 + 47
75 + 16	48 + 47	54 + 28	65 + 26
36 + 49	53 + 28	76 + 15	69 + 23
75 + 18	67 + 26	38 + 24	28 + 55

Kistler/Schneider: Rechnen ohne Stolperstein, Band 3B. Illustrationen: Kristina Klotz

Jetzt ohne Zwischenschritt!

100

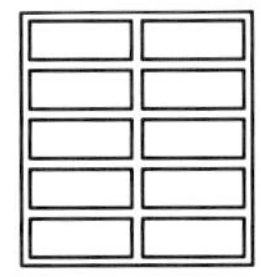

Zehnerübergang
ZE ⊕ ZE

$47 + 15 = \square\square$ | $76 + 17 = \square\square$ | $34 + 38 = \square\square$

$27 + 54 = \square\square$ | $64 + 29 = \square\square$ | $49 + 15 = \square\square$ | $55 + 26 = \square\square$

Wie heißt die Rechnung?

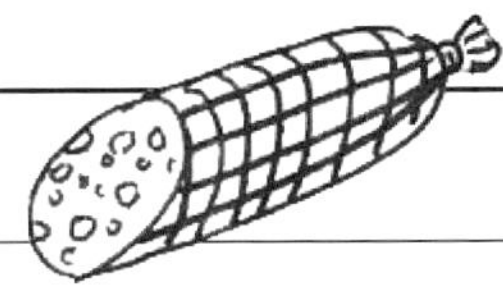

Das kannst du!

100

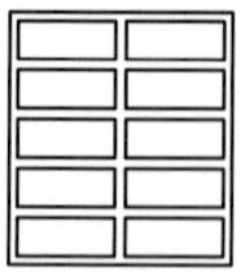

Zehnerübergang
ZE ⊕ ZE

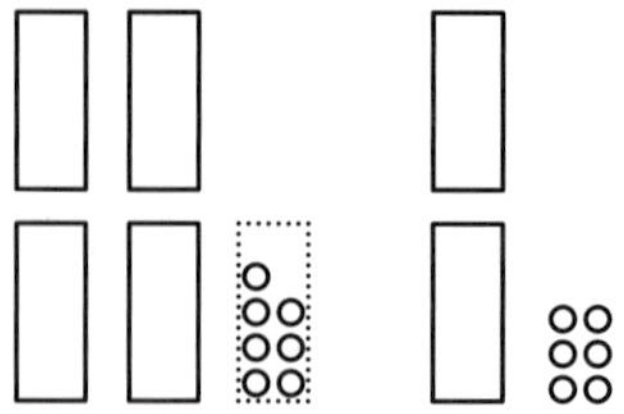

47 + 26 = ☐☐

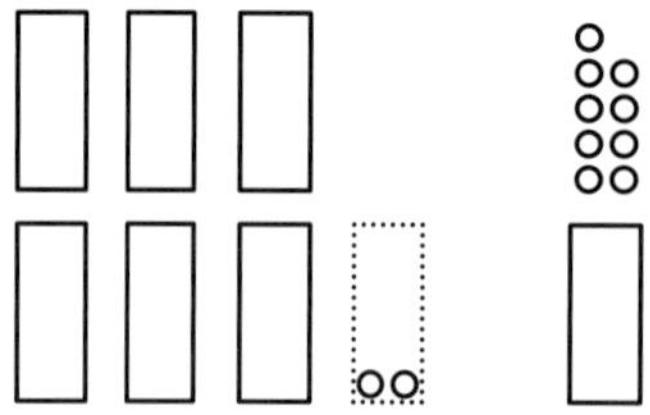

62 + 19 = ☐☐

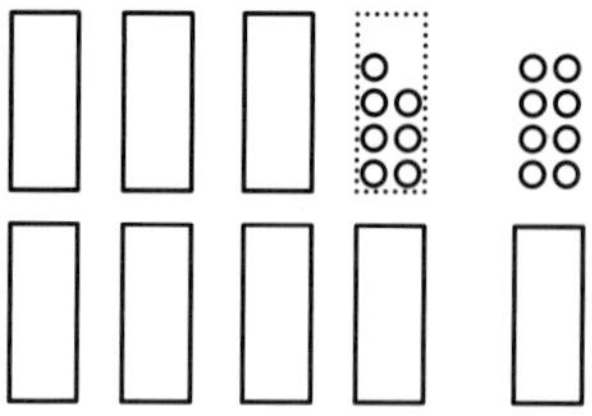

77 + 18 = ☐☐

29 + 55 = ☐☐	79 + 13 = ☐☐	67 + 17 = ☐☐	39 + 32 = ☐☐	29 + 46 = ☐☐
49 + 24 = ☐☐	77 + 14 = ☐☐	58 + 16 = ☐☐	24 + 47 = ☐☐	47 + 47 = ☐☐
48 + 13 = ☐☐	56 + 35 = ☐☐	49 + 32 = ☐☐	46 + 45 = ☐☐	38 + 27 = ☐☐
66 + 26 = ☐☐	23 + 69 = ☐☐	78 + 15 = ☐☐	69 + 12 = ☐☐	69 + 14 = ☐☐
29 + 34 = ☐☐	68 + 13 = ☐☐	25 + 36 = ☐☐	37 + 54 = ☐☐	89 + 11 = ☐☐
22 + 39 = ☐☐	29 + 23 = ☐☐	28 + 43 = ☐☐	38 + 23 = ☐☐	28 + 26 = ☐☐

Fehlersuche: Streiche falsche Aufgaben aus. Trage Buchstaben der richtigen Aufgaben unten ein.

G: 33 + 19 = 51	G: 36 + 27 = 63
D: 44 + 37 = 81	U: 34 + 47 = 81
U: 23 + 38 = 61	E: 68 + 16 = 82
H: 52 + 19 = 71	T: 76 + 17 = 93
A: 24 + 28 = 52	G: 34 + 38 = 72
S: 76 + 18 = 94	E: 42 + 19 = 61
C: 22 + 19 = 43	Ü: 28 + 67 = 95
H: 55 + 18 = 75	B: 77 + 18 = 95
T: 43 + 39 = 82	T: 63 + 25 = 88

Lösungssatz:

☐☐ ☐☐☐☐

☐☐☐ ☐☐☐☐☐ !

Kistler/Schneider: Rechnen ohne Stolperstein, Band 3B. Illustrationen: Kristina Klotz

Tauschaufgaben

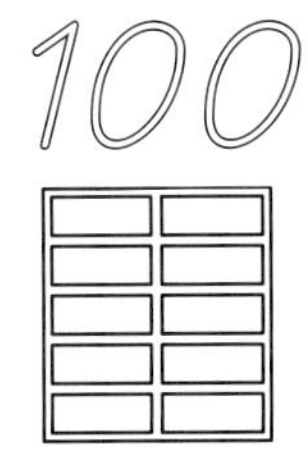

Zehnerübergang
ZE ⊕ ZE

13 ⊕ 28 ⊜ ☐☐

28 ⊕ 13 ⊜ ☐☐

24 ⊕ 49 ⊜ ☐☐	☐☐ + ☐☐ = ☐☐
19 ⊕ 58 ⊜ ☐☐	☐☐ + ☐☐ = ☐☐
27 ⊕ 64 ⊜ ☐☐	☐☐ + ☐☐ = ☐☐
36 ⊕ 47 ⊜ ☐☐	☐☐ + ☐☐ = ☐☐
16 ⊕ 47 ⊜ ☐☐	☐☐ + ☐☐ = ☐☐
27 ⊕ 56 ⊜ ☐☐	☐☐ + ☐☐ = ☐☐

15 ⊕ 77 ⊜ ☐☐	☐☐ + ☐☐ = ☐☐
27 ⊕ 66 ⊜ ☐☐	☐☐ + ☐☐ = ☐☐
43 ⊕ 48 ⊜ ☐☐	☐☐ + ☐☐ = ☐☐
26 ⊕ 46 ⊜ ☐☐	☐☐ + ☐☐ = ☐☐
17 ⊕ 75 ⊜ ☐☐	☐☐ + ☐☐ = ☐☐
18 ⊕ 43 ⊜ ☐☐	☐☐ + ☐☐ = ☐☐

Lösung: ☐☐☐☐☐☐, ☐☐☐☐☐ ☐☐☐☐ ☐☐ ☐☐☐☐☐ ☐☐☐☐☐☐☐ ☐☐☐☐☐☐☐!

28 + 59 = ☐☐	F 86	K 87	57 + 37 = ☐☐	J 94	G 84	59 + 14 = ☐☐	A 73	H 74
32 + 49 = ☐☐	A 82	L 81	29 + 66 = ☐☐	E 95	S 85	48 + 34 = ☐☐	E 83	S 82
35 + 36 = ☐☐	A 71	R 72	38 + 49 = ☐☐	K 88	T 87	27 + 46 = ☐☐	N 63	T 73
44 + 27 = ☐☐	S 71	K 81	45 + 28 = ☐☐	E 36	Z 73	35 + 38 = ☐☐	D 73	K 63
45 + 26 = ☐☐	L 81	S 71	77 + 19 = ☐☐	T 96	P 95	44 + 28 = ☐☐	A 73	U 72
54 + 37 = ☐☐	E 91	U 92	63 + 19 = ☐☐	H 82	L 72	26 + 65 = ☐☐	A 91	N 81
66 + 25 = ☐☐	L 91	N 81	48 + 48 = ☐☐	C 96	R 86	63 + 28 = ☐☐	S 92	E 91
25 + 59 = ☐☐	L 84	E 74	38 + 59 = ☐☐	H 97	N 96	36 + 48 = ☐☐	M 84	E 85
56 + 28 = ☐☐	S 94	E 84	54 + 27 = ☐☐	T 81	I 71	24 + 57 = ☐☐	I 71	A 81
42 + 49 = ☐☐	H 92	S 91	49 + 49 = ☐☐	C 88	I 98	78 + 18 = ☐☐	C 96	W 95
73 + 18 = ☐☐	G 81	R 91	34 + 37 = ☐☐	I 72	G 71	58 + 17 = ☐☐	E 65	H 75
49 + 42 = ☐☐	I 91	E 92	56 + 39 = ☐☐	H 85	G 95	33 + 58 = ☐☐	T 91	R 81

⊕ Plusaufgaben kannst du auch so aufschreiben:

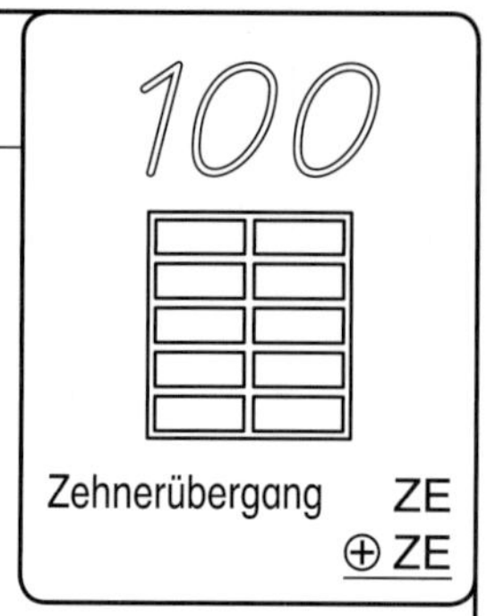

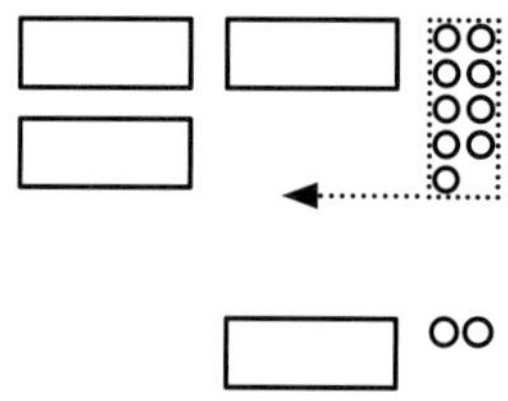

	Zehner	Einer
	3	9
	1	2
⊕	1	
⊜		1

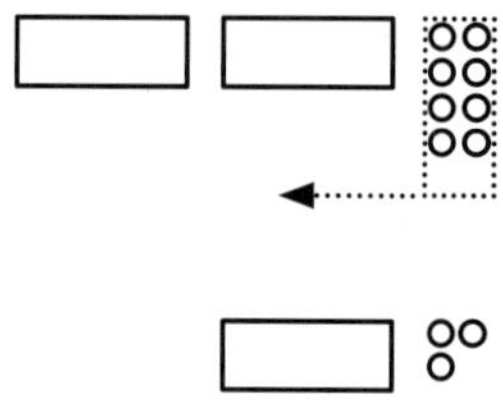

	Zehner	Einer
	2	8
	1	3
⊕	1	
⊜		

Ein Zehner wird voll! Rechne.

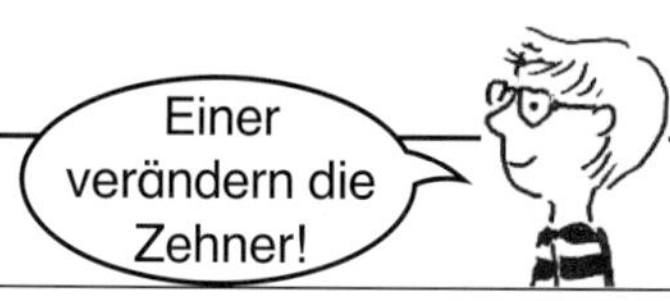

	Zehner	Einer
	3	8
	1	4
⊕		

	Zehner	Einer
	3	6
	2	5
⊕		

	Zehner	Einer
	7	9
	1	3
⊕		

	Zehner	Einer
	2	5
	4	7
⊕		

	Zehner	Einer
	5	7
	1	6
⊕		

	Zehner	Einer
	6	9
	2	5
⊕		

	Zehner	Einer
	1	3
	7	9
⊕		

	Zehner	Einer
	5	2
	2	9
⊕		

	Zehner	Einer
	3	6
	4	6
⊕		

	Zehner	Einer
	7	5
	1	7
⊕		

Kistler/Schneider: Rechnen ohne Stolperstein, Band 3B. Illustrationen: Kristina Klotz

⊖ Minusaufgaben: Zehner und Einer verändern sich!

100

Zehnerübergang
ZE ⊖ ZE

91 − 15

91 − 5 = 86

86 − 10 = 76

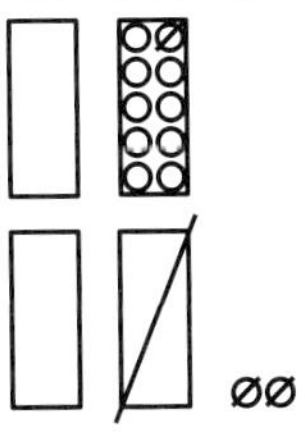

42 − 13

☐ − ☐ = ☐

☐ − ☐ = ☐

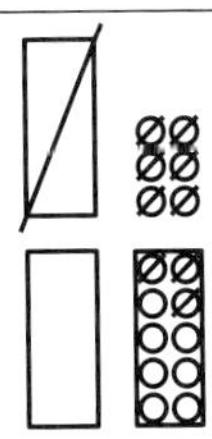

36 − 19

☐ − ☐ = ☐

☐ − ☐ = ☐

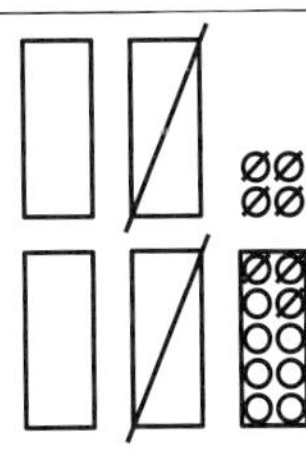

54 − 27

☐ − ☐ = ☐

☐ − ☐ = ☐

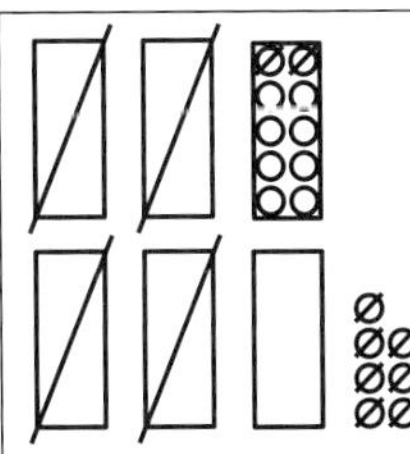

67 − 49

☐ − ☐ = ☐

☐ − ☐ = ☐

Streiche weg und rechne!

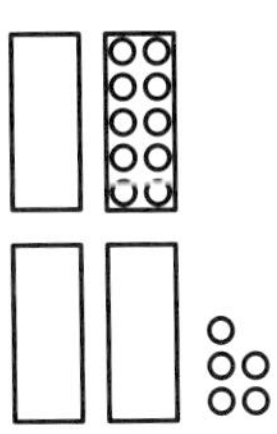

45 − 26

☐ − ☐ = ☐

☐ − ☐ = ☐

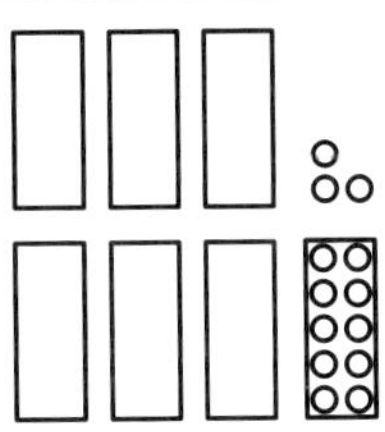

73 − 37

☐ − ☐ = ☐

☐ − ☐ = ☐

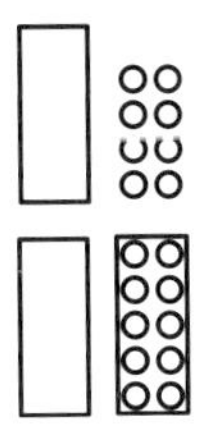

38 − 19

☐ − ☐ = ☐

☐ − ☐ = ☐

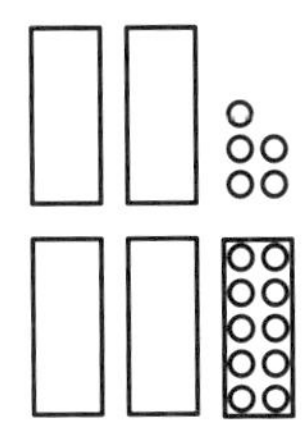

55 − 38

☐ − ☐ = ☐

☐ − ☐ = ☐

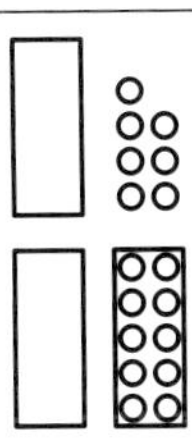

37 − 28

☐ − ☐ = ☐

☐ − ☐ = ☐

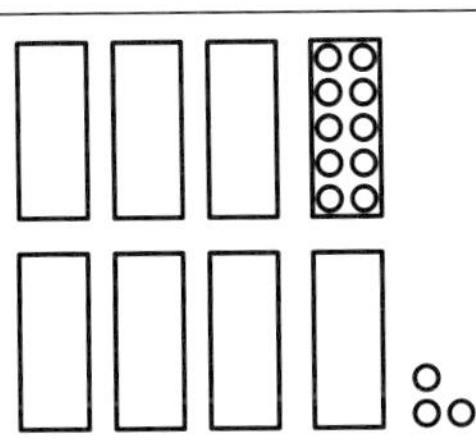

83 − 25

☐ − ☐ = ☐

☐ − ☐ = ☐

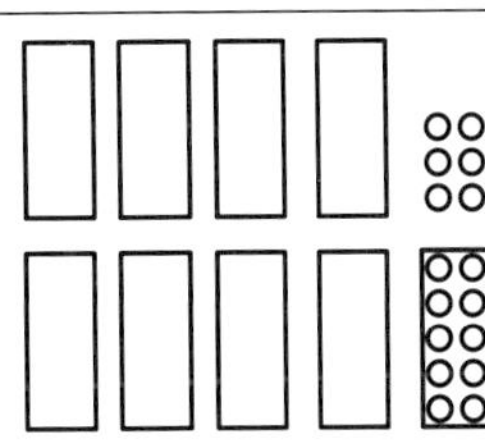

96 − 18

☐ − ☐ = ☐

☐ − ☐ = ☐

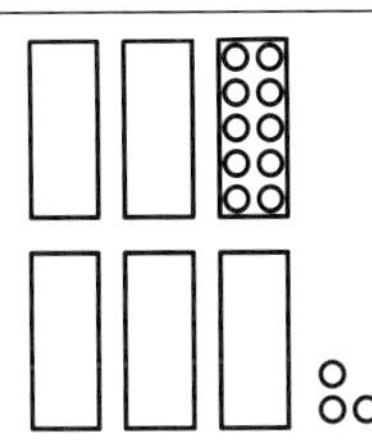

63 − 29

☐ − ☐ = ☐

☐ − ☐ = ☐

Streiche weg und rechne!

100

Zehnerübergang
ZE ⊖ ZE

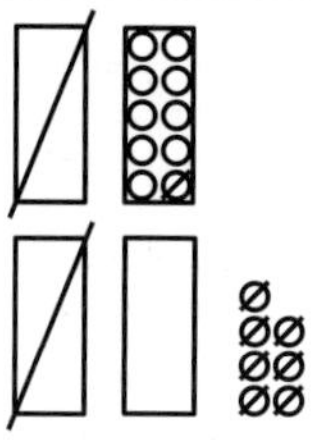

47 − 28

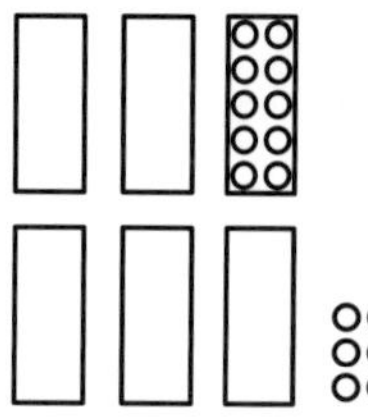

66 − 38

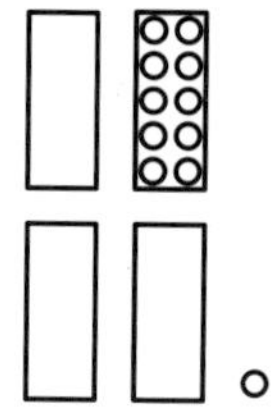

41 − 24

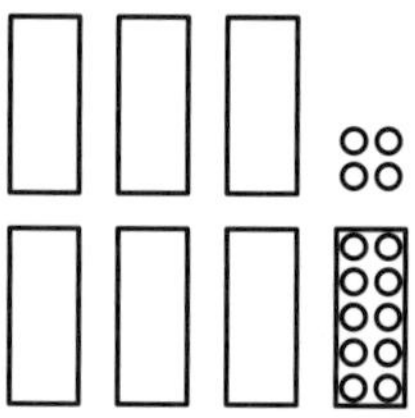

74 − 45

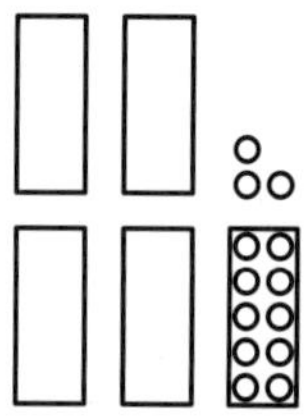

53 − 16

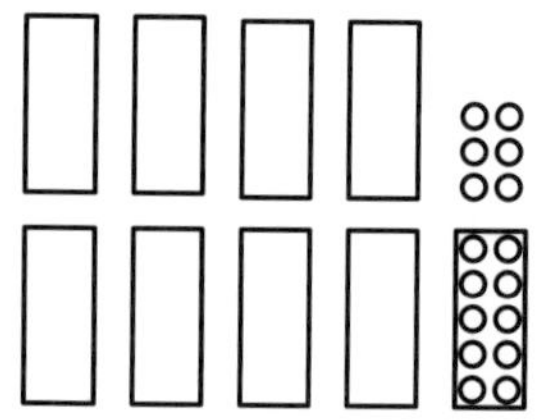

96 − 58

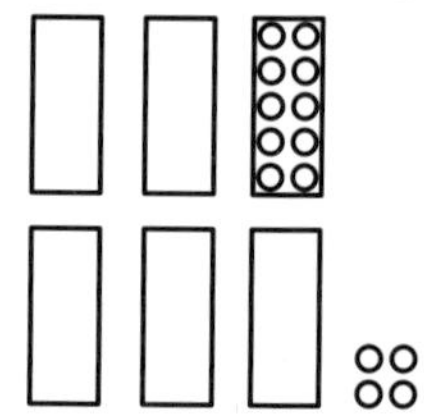

64 − 45

Rechne in zwei Schritten!

34 − 18	54 − 27	76 − 39	63 − 17
45 − 18	57 − 39	78 − 49	62 − 34
55 − 18	43 − 26	51 − 28	46 − 37
36 − 27	44 − 27	65 − 28	53 − 17

Kistler/Schneider: Rechnen ohne Stolperstein, Band 3B. Illustrationen: Kristina Klotz

Achte auf Einer und Zehner! Rechne.

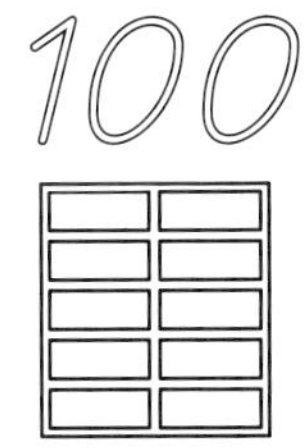

Zehnerübergang
ZE ⊖ ZE

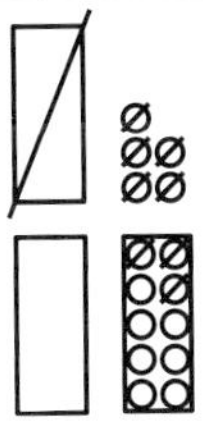

35 – 18

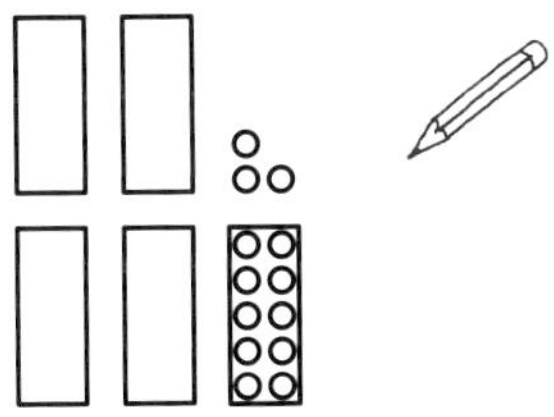

53 – 29

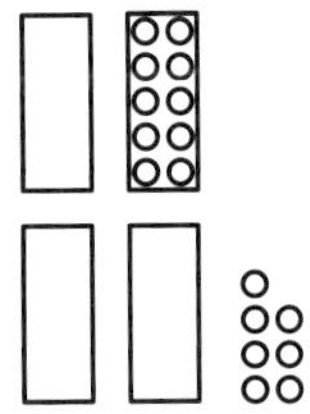

47 – 38

35 – 29 | 54 – 39 | 74 – 18 | 44 – 29

57 – 38 | 63 – 25 | 45 – 19 | 56 – 27

Rechne in zwei Schritten!

95 – 47 | 65 – 19 | 53 – 38 | 63 – 27

75 – 16 | 48 – 29 | 65 – 26 | 54 – 28

36 – 29 | 53 – 28 | 76 – 38 | 61 – 23

75 – 18 | 63 – 26 | 82 – 44 | 93 – 56

Jetzt ohne Zwischenschritt!

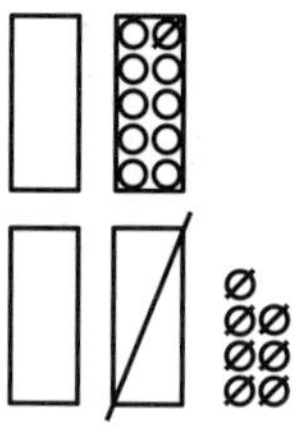

47 – 18 = ☐☐

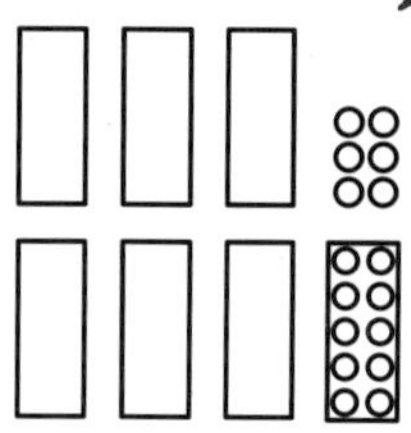

76 – 39 = ☐☐

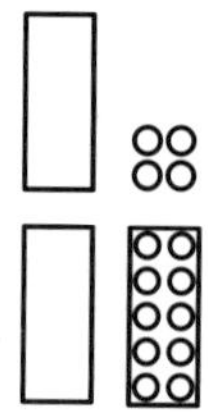

34 – 27 = ☐☐

100

Zehnerübergang
ZE ⊖ ZE

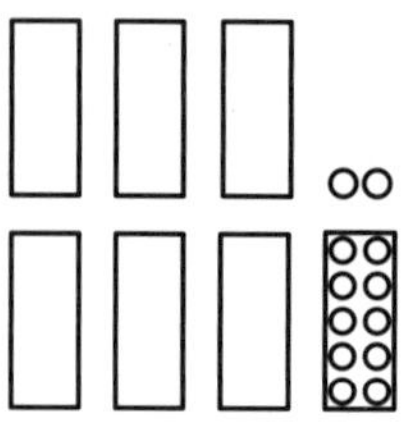

72 – 44 = ☐☐

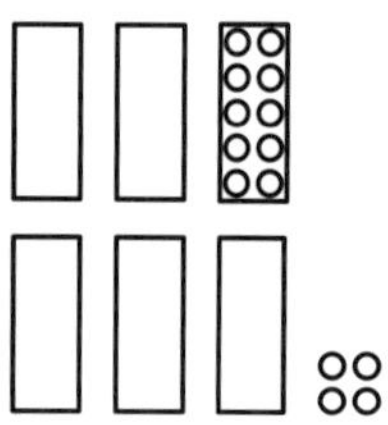

64 – 29 = ☐☐

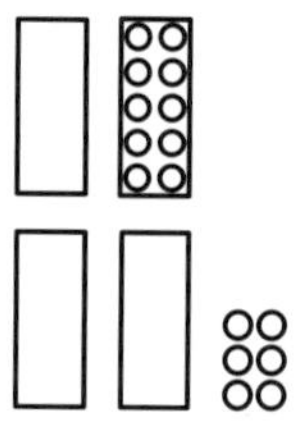

46 – 29 = ☐☐

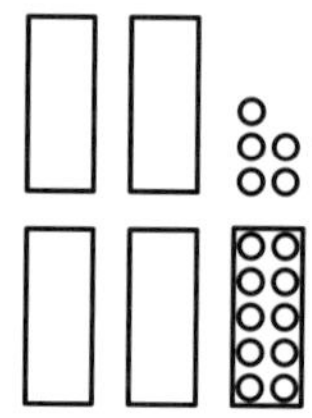

55 – 46 = ☐☐

Wie heißt die Rechnung?

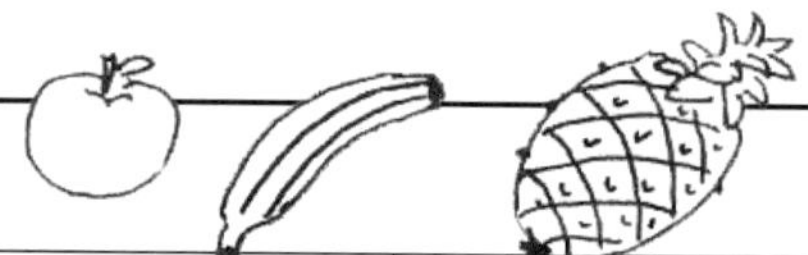

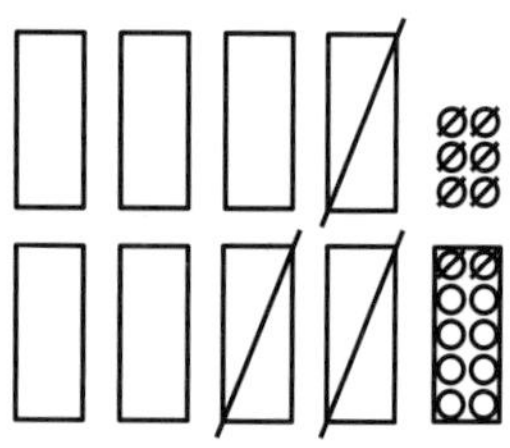

☐☐ ◯ ☐☐ ◯ ☐☐

☐☐ ◯ ☐☐ ◯ ☐☐

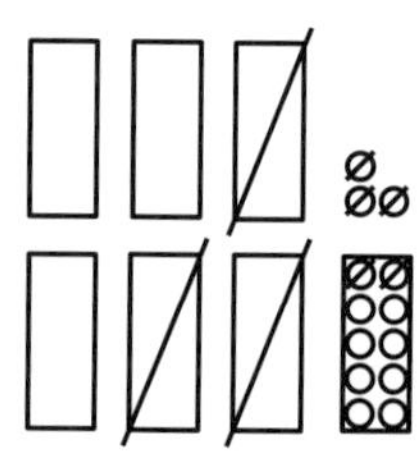

☐☐ ◯ ☐☐ ◯ ☐☐

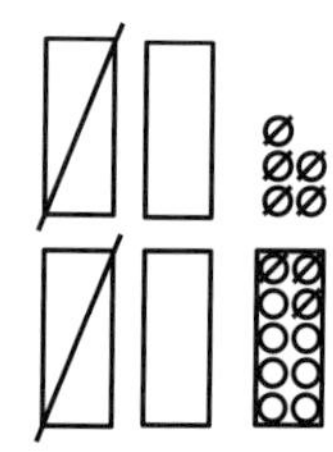

☐☐ ◯ ☐☐ ◯ ☐☐

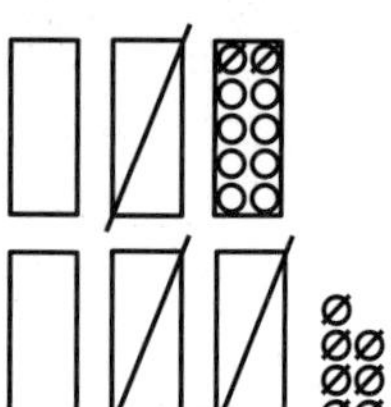

☐☐ ◯ ☐☐ ◯ ☐☐

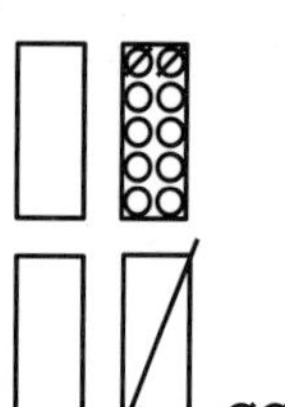

☐☐ ◯ ☐☐ ◯ ☐☐

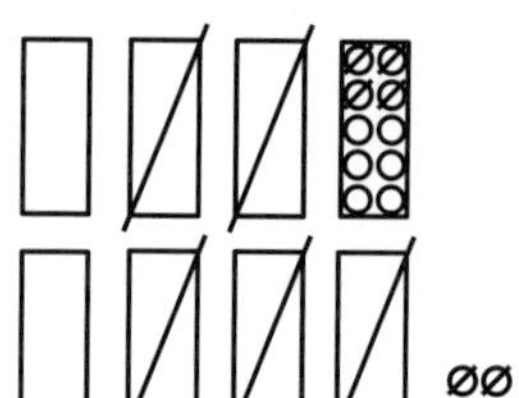

☐☐ ◯ ☐☐ ◯ ☐☐

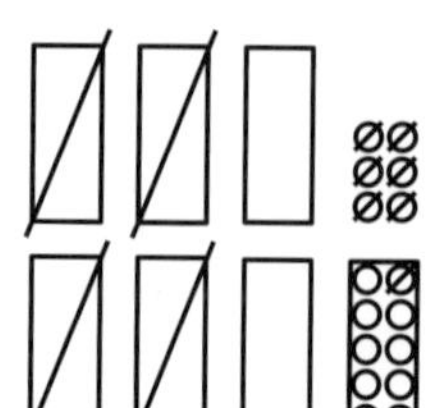

☐☐ ◯ ☐☐ ◯ ☐☐

Schwierig, aber zu schaffen! Rechne.

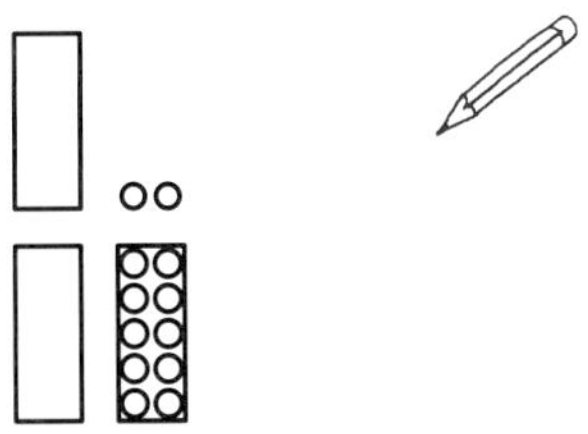

32 − 15 =

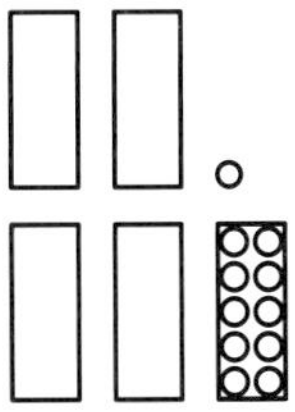

51 − 33 =

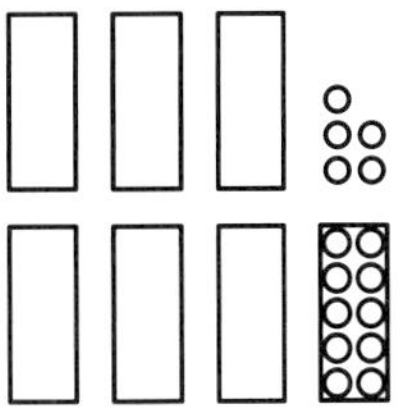

75 − 48 =

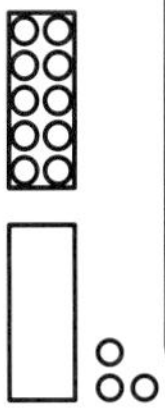

23 − 16 =

61 − 22 =	71 − 43 =	44 − 37 =	72 − 25 =	85 − 36 =
24 − 17 =	62 − 24 =	33 − 26 =	92 − 44 =	56 − 47 =
44 − 35 =	84 − 55 =	21 − 12 =	41 − 33 =	45 − 37 =
31 − 12 =	23 − 19 =	54 − 35 =	74 − 26 =	33 − 14 =
32 − 24 =	31 − 23 =	25 − 16 =	83 − 44 =	83 − 55 =
81 − 33 =	52 − 23 =	72 − 43 =	22 − 18 =	44 − 16 =

Rechenkannen

−17	−27	−37	−47
26	31	96	91
36	42	85	99
46	53	74	81
56	64	63	88
66	75	52	71
76	86	41	77

100

Zehnerübergang
ZE ⊖ ZE

Für Spürnasen: Rechne zuerst, finde dann eine passende Aufgabe!

93 − 14 = ☐☐
83 − 14 = ☐☐
73 − 14 = ☐☐
☐☐ ○ ☐☐ ○ ☐☐

86 − 17 = ☐☐
86 − 27 = ☐☐
86 − 37 = ☐☐
☐☐ ○ ☐☐ ○ ☐☐

91 − 16 = ☐☐
83 − 26 = ☐☐
54 − 36 = ☐☐
☐☐ ○ ☐☐ ○ ☐☐

93 − 16 = ☐☐
85 − 19 = ☐☐
92 − 37 = ☐☐
☐☐ ○ ☐☐ ○ ☐☐

73 − 48 = ☐☐
61 − 36 = ☐☐
42 − 17 = ☐☐
☐☐ ○ ☐☐ ○ ☐☐

Suche die Aufgaben im Supermarkt!

Kistler/Schneider: Rechnen ohne Stolperstein, Band 3B. Illustrationen: Kristina Klotz

⊖ Minusaufgaben kannst du auch so aufschreiben:

100

Zehnerübergang ZE

⊖ ZE

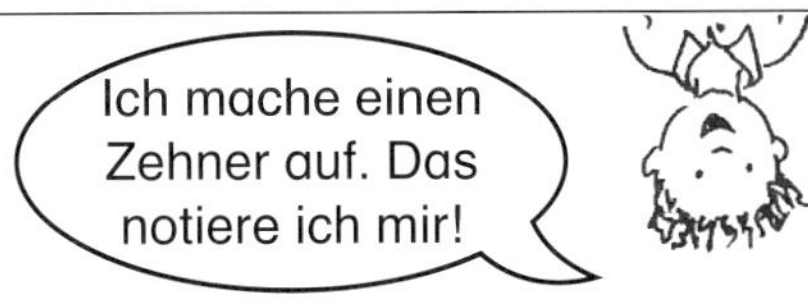

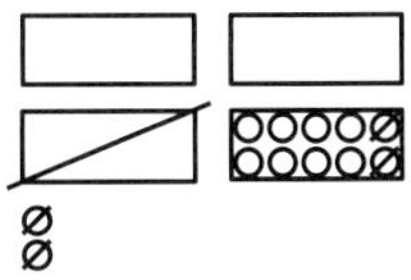

	Zehner	Einer
	4	2
	1	
⊖	1	4
⊜		

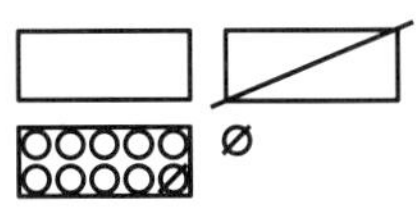

	Zehner	Einer
	3	1
	1	
⊖	1	2
⊜		

Übe weiter und lege mit Plättchen!

	Zehner	Einer
	7	2
	1	
⊖	1	4

	Zehner	Einer
	9	1
	1	
⊖	3	2

	Zehner	Einer
	5	4
	1	
⊖	4	8

	Zehner	Einer
	6	4
	1	
⊖	4	7

	Zehner	Einer
	8	1
⊖	3	2

	Zehner	Einer
	4	6
⊖	3	9

	Zehner	Einer
	9	6
⊖	4	8

	Zehner	Einer
	7	3
⊖	2	9

Achte auf ⊕ und ⊖ !

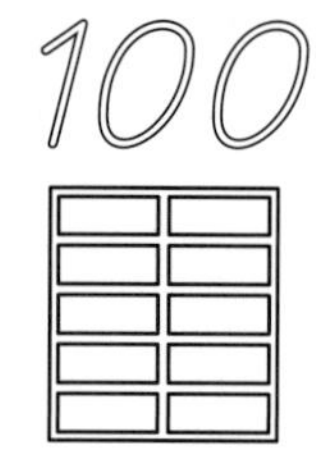

Zehnerübergang
ZE ⊘ ZE

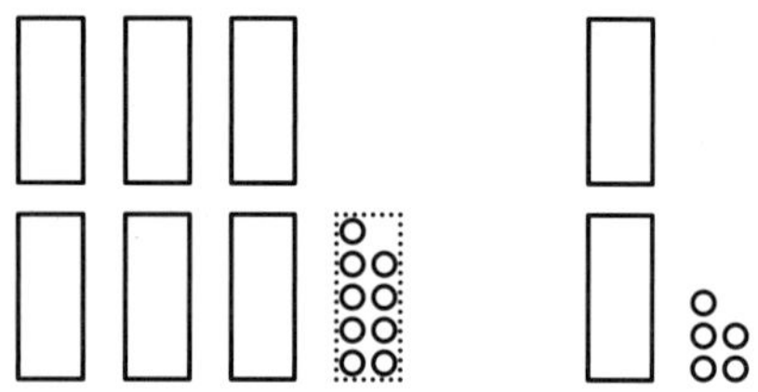

$69 + 25 =$ ☐☐

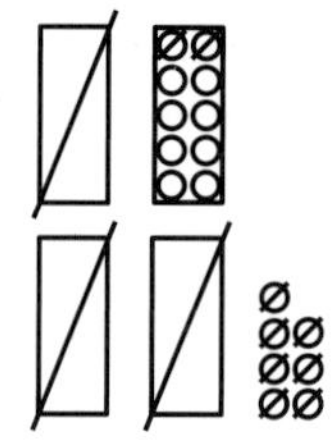

$47 - 39 =$ ☐☐

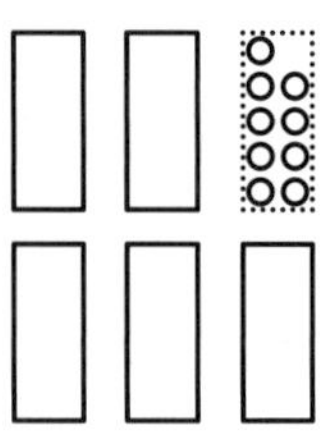

$59 + 24 =$ ☐☐

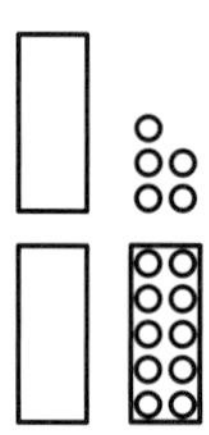

$35 - 19 =$ ☐☐

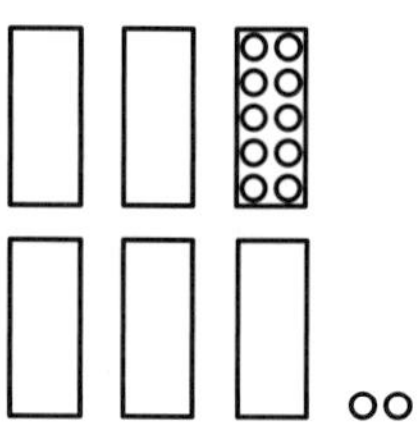

$62 - 27 =$ ☐☐

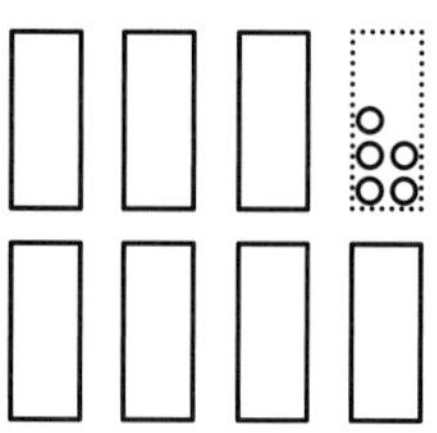

$75 + 19 =$ ☐☐

Wie heiβt die Rechnung?

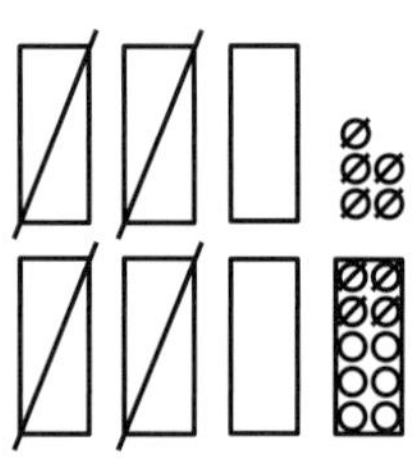

75 ⊖ 49 ⊜ ☐☐

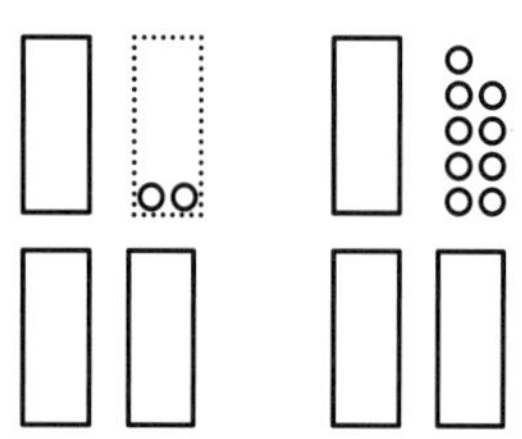

☐☐ ○ ☐☐ ○ ☐☐

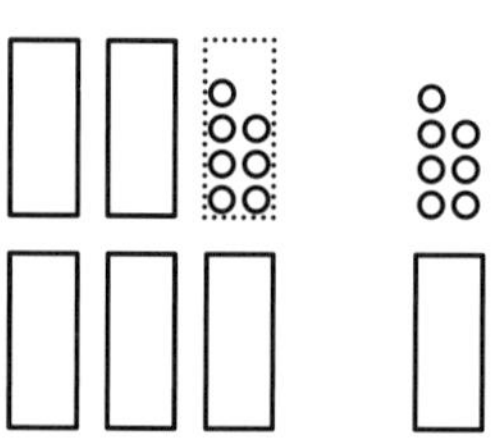

☐☐ ○ ☐☐ ○ ☐☐

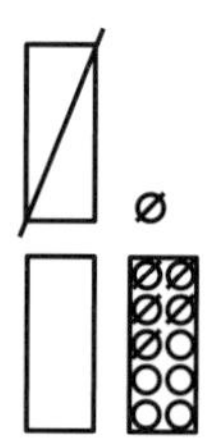

☐☐ ○ ☐☐ ○ ☐☐

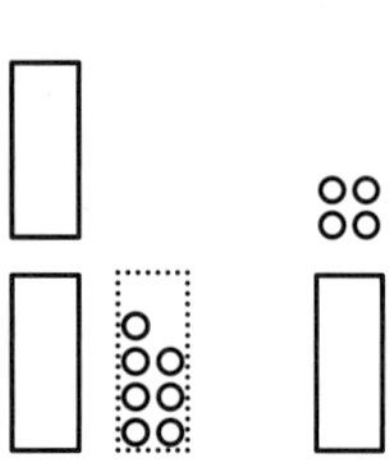

☐☐ ○ ☐☐ ○ ☐☐

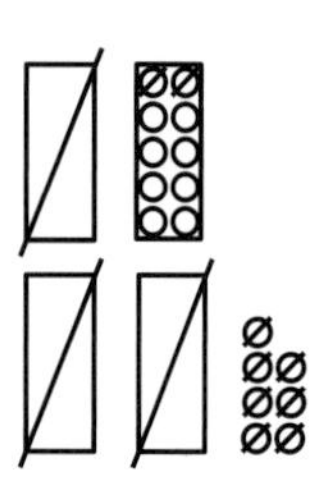

☐☐ ○ ☐☐ ○ ☐☐

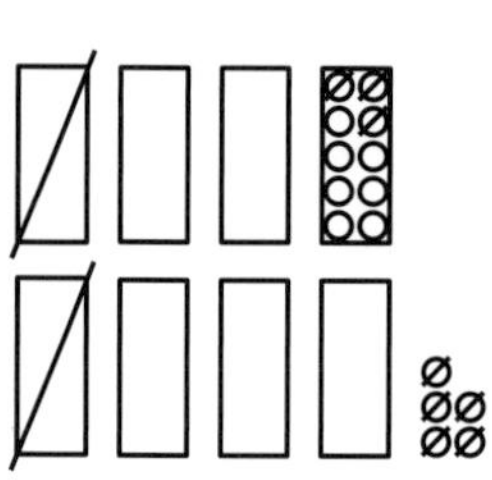

☐☐ ○ ☐☐ ○ ☐☐

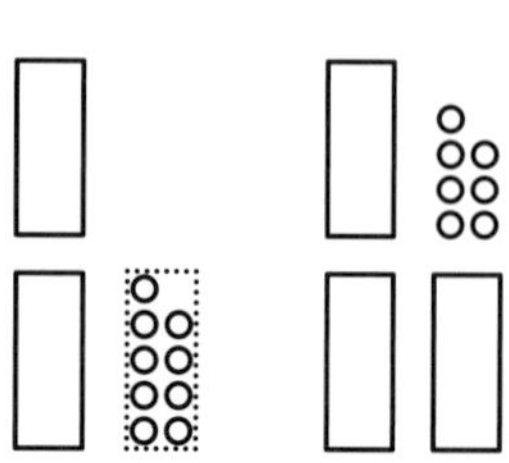

☐☐ ○ ☐☐ ○ ☐☐

So ist es leicht!

100

Zehnerübergang
ZE ⊘ ZE

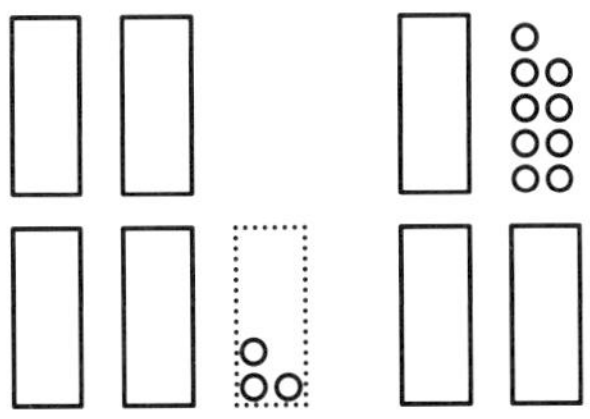

$43 + 39 = \square\square$

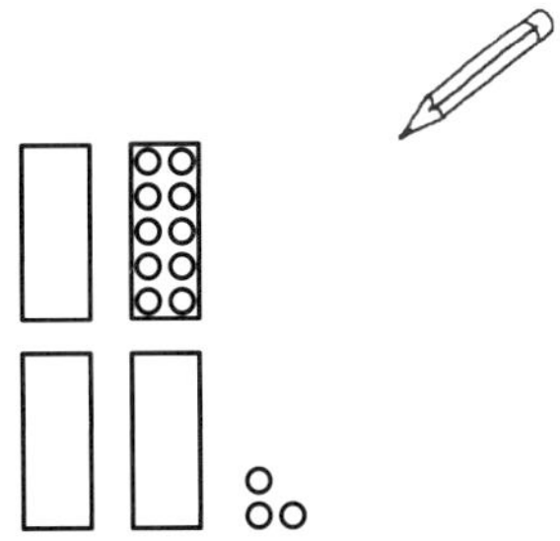

$43 - 26 = \square\square$

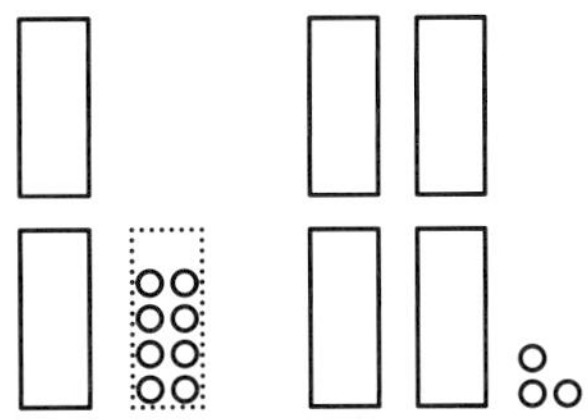

$28 + 43 = \square\square$

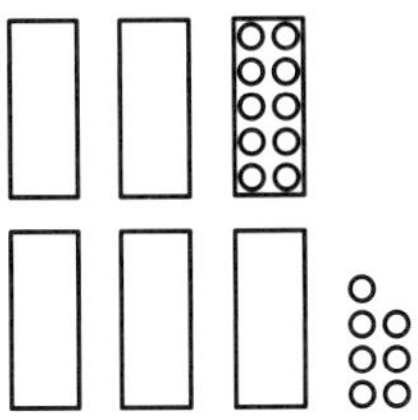

$67 - 38 = \square\square$

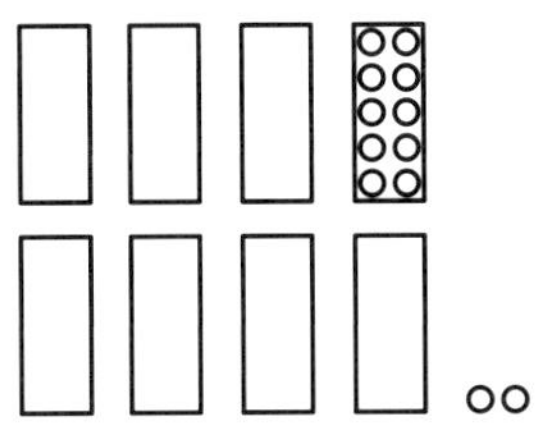

$82 - 43 = \square\square$

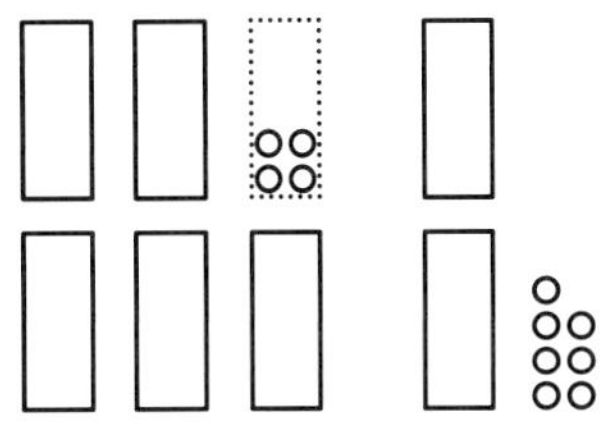

$54 + 27 = \square\square$

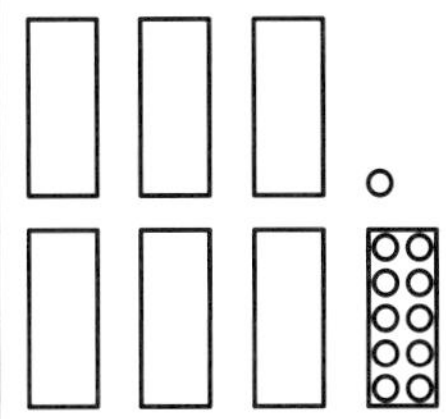

$71 - 52 = \square\square$

Obstsalat: Rechne!

	+ 19	− 19
36		
48		
52		
63		
24		
75		
61		

	+ 18	− 18
81		
63		
35		
26		
47		
82		
74		

	+ 13	− 13
51		
32		
44		
50		
61		
72		
87		

100

Zehnerübergang
ZE ± ZE

Ein Ergebnis – viele Aufgaben: Finde eine passende Rechnung!

□□ ○ □□ = 44
□□ ○ □□ ○ □□
□□ ○ □□ ○ □□
□□ ○ □□ ○ □□
□□ ○ □□ ○ □□
□□ ○ □□ ○ □□

□□ ○ □□ = 53
□□ ○ □□ ○ □□
□□ ○ □□ ○ □□
□□ ○ □□ ○ □□
□□ ○ □□ ○ □□
□□ ○ □□ ○ □□

□□ ○ □□ = 62
□□ ○ □□ ○ □□
□□ ○ □□ ○ □□
□□ ○ □□ ○ □□
□□ ○ □□ ○ □□
□□ ○ □□ ○ □□

□□ ○ □□ = 35
□□ ○ □□ ○ □□
□□ ○ □□ ○ □□
□□ ○ □□ ○ □□
□□ ○ □□ ○ □□
□□ ○ □□ ○ □□

Viele Aufgaben für die Kassiererin!

19 + 17 = □
74 + 8 = □
36 + 46 = □
57 + 25 = □
33 + 49 = □
72 − 35 = □
72 − 27 = □
58 + 14 = □

49 − 45 = □
84 − 56 = □

95 − 18 = □
84 − 39 = □
39 + 15 = □
29 + 43 = □
46 + 26 = □

28 + 17 = □
53 + 29 = □
62 − 26 = □
16 + 38 = □
81 − 27 = □
53 − 8 = □
18 + 36 = □

37 + 35 = □
93 − 16 = □
58 + 14 = □
59 + 18 = □
91 − 19 = □
73 − 19 = □
17 + 55 = □
93 − 39 = □

Kistler/Schneider: Rechnen ohne Stolperstein, Band 3B. Illustrationen: Kristina Klotz

Für kluge Leute!

41 − 22 = [ ]	85 + 9 = [ ]	74 + 19 = [ ]	39 + 7 = [ ]	
97 − 8 = [ ]	26 + 28 = [ ]	91 − 2 = [ ]	57 − 29 = [ ]	
65 − 38 = [ ]	68 + 3 = [ ]	43 + 28 = [ ]	59 + 41 = [ ]	
36 + 37 = [ ]	31 − 2 = [ ]	22 − 17 = [ ]	33 − 31 = [ ]	
54 + 8 = [ ]	72 − 29 = [ ]	27 + 6 = [ ]	48 − 39 = [ ]	63 + 39 = [ ]

100

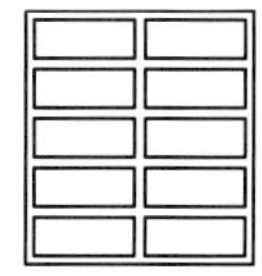

Zehnerübergang
ZE ⊕/⊖ ZE

Kettenaufgaben

74 + 25 = → [ ] + 36 = → [ ] + 15 = → [ ] − 25 = → [ ] − 36 = → [ ] + 16 = → ☆

19 + 47 = → [ ] − 28 = → [ ] + 44 = → [ ] − 64 = → [ ] + 4 = → [ ] + 22 = → ☆

96 − 47 = → [ ] + 16 = → [ ] − 49 = → [ ] + 58 = → [ ] − 36 = → [ ] − 5 = → ☆

Umkehraufgaben

91 ⊖ 15 ⊜ [ ]

76 ⊕ 15 ⊜ [ ]

43 ⊖ 17 ⊜ [ ]

95 ⊖ 36 ⊜ [ ]

24 ⊖ 8 ⊜ [ ]

21 ⊖ 18 ⊜ [ ]

62 ⊖ 49 ⊜ [ ]

58 ⊖ 29 ⊜ [ ]

[ ] ○ [ ] ○ [ ]

[ ] ○ [ ] ○ [ ]

[ ] ○ [ ] ○ [ ]

[ ] ○ [ ] ○ [ ]

[ ] ○ [ ] ○ [ ]

[ ] ○ [ ] ○ [ ]

⊘ Plus- und Minusaufgaben kannst du auch so aufschreiben:

100

Zehnerübergang ZE
⊘ ZE

	Zehner	Einer
	2	8
	2	3
+	1	
=		

	Zehner	Einer
	3	2
	1	
−	1	3
=		

Einer verändern die Zehner! Rechne.

	Zehner	Einer
	5	8
	2	6
+		

	Zehner	Einer
	6	5
−	1	6

	Zehner	Einer
	3	9
	1	4
+		

	Zehner	Einer
	4	7
−	2	9

	Zehner	Einer
	5	7
	1	6
+		

	Zehner	Einer
	9	5
−	6	9

	Zehner	Einer
	2	7
	3	4
+		

	Zehner	Einer
	6	8
	2	9
+		

	Zehner	Einer
	4	6
−	2	7

	Zehner	Einer
	7	5
	1	7
+		

Kistler/Schneider: Rechnen ohne Stolperstein, Band 3B. Illustrationen: Kristina Klotz

⊘ Plus- und Minusaufgaben untereinander!

100

Zehnerübergang ZE
⊘ ZE

	Zehner	Einer
	3	6
	4	8
+		

	Zehner	Einer
	9	1
−	2	9

	Zehner	Einer
○		

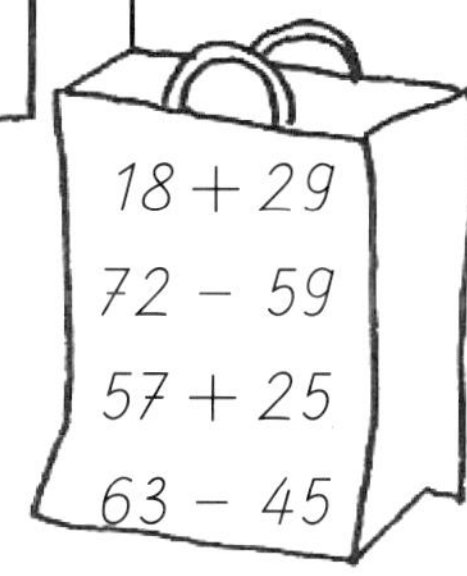

	Zehner	Einer
○		

	Zehner	Einer
○		

	Zehner	Einer
○		

	Zehner	Einer
○		

	Zehner	Einer
○		

Schreibe die Aufgaben untereinander!

	Zehner	Einer
	3	8
	1	6
+		

	Zehner	Einer
○		

	Zehner	Einer
○		

	Zehner	Einer
○		

	Zehner	Einer
○		

	Zehner	Einer
○		

	Zehner	Einer
○		

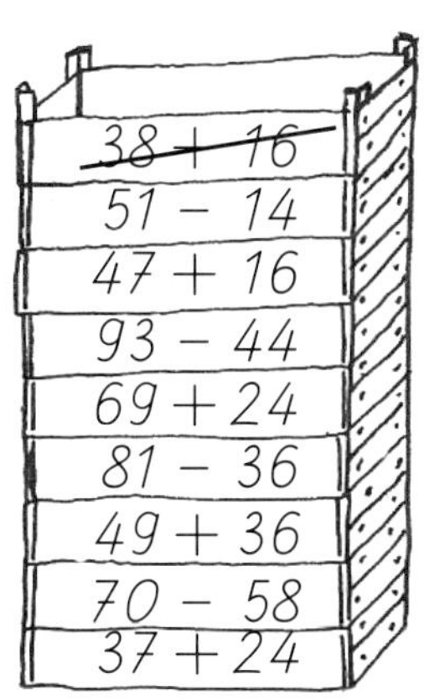

	Zehner	Einer
○		

	Zehner	Einer
○		

Für Schlaue!

100
Gemischte Aufgaben

85 + 7 =	70 − 68 =	8 + 4 =	83 + 11 =	
37 − 18 =	60 + 1 =	3 + 9 =	21 − 11 =	
58 + 29 =	74 − 8 =	50 − 2 =	45 + 36 =	
29 + 31 =	73 + 11 =	30 + 6 =	66 − 2 =	
22 + 50 =	40 + 30 =	35 − 13 =	80 − 44 =	87 − 40 =
94 + 5 =	38 + 21 =	52 + 19 =	24 − 7 =	80 − 6 =

Rechenwürste: Rechne mit dem Ergebnis weiter!

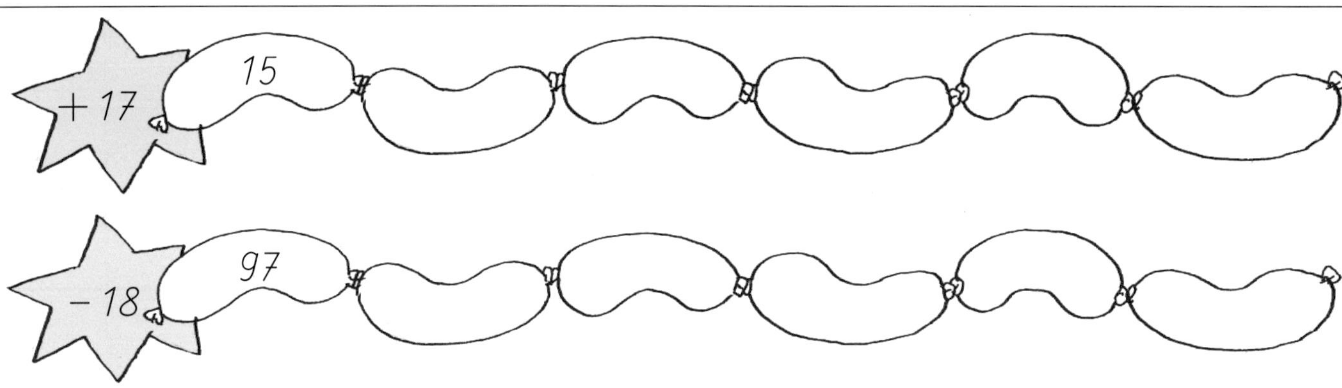

Was ist hier versteckt?

24 + 46 =	25 − 5 =	95 + 5 =
79 + 3 =	77 + 13 =	40 − 18 =
35 − 7 =	87 − 42 =	31 + 56 =
91 − 64 =	59 + 6 =	59 + 19 =
72 + 14 =	80 + 2 =	50 − 30 =
40 − 5 =	67 − 10 =	26 + 2 =
45 + 10 =	90 − 42 =	64 + 6 =
32 − 7 =	66 + 16 =	88 − 9 =
55 − 1 =	79 − 40 =	52 + 2 =
82 − 53 =	37 − 19 =	70 − 6 =
34 + 8 =	21 − 9 =	78 + 7 =
44 + 33 =	91 + 4 =	100 − 65 =

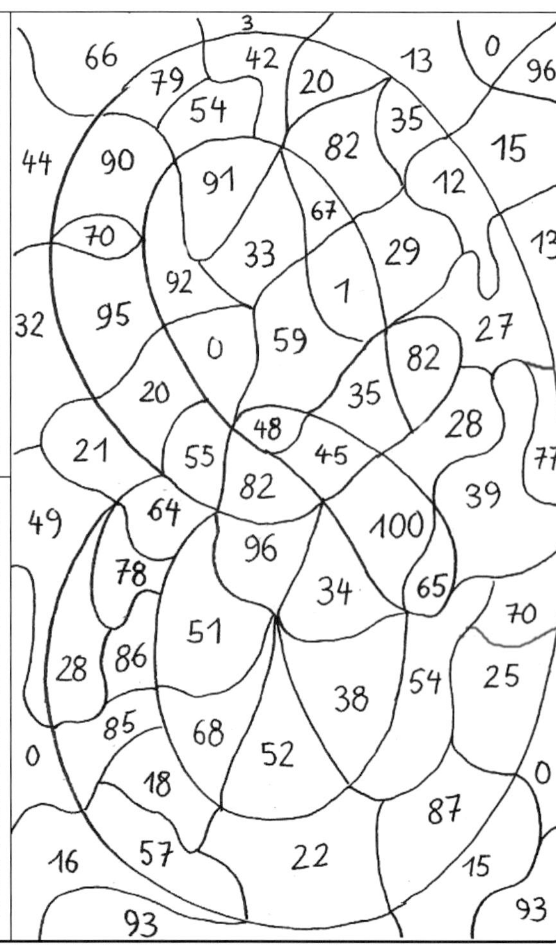

Kistler/Schneider: Rechnen ohne Stolperstein, Band 3B. Illustrationen: Kristina Klotz

Kettenaufgaben!

100 Gemischte Aufgaben

54

29 + 25 + 3 = ☐

39

51 − 12 − 6 = ☐

29 + 42 + 6 = ☐	19 + 34 + 6 = ☐	53 − 36 − 2 = ☐	92 − 54 − 5 = ☐
44 + 18 + 2 = ☐	57 + 25 + 5 = ☐	84 − 17 − 6 = ☐	76 − 48 − 3 = ☐
67 + 25 + 1 = ☐	35 + 36 + 3 = ☐	67 − 29 − 2 = ☐	81 − 47 − 1 = ☐
34 + 39 + 3 = ☐	48 + 25 + 4 = ☐	78 − 39 − 6 = ☐	43 − 24 − 5 = ☐

Weiter geht's!

97 − 49 + 1 = ☐	67 + 25 − 1 = ☐	63 + 19 − 1 = ☐	65 − 39 + 2 = ☐
72 − 28 + 3 = ☐	78 + 17 − 2 = ☐	51 − 39 + 7 = ☐	37 + 47 − 1 = ☐
81 − 47 + 3 = ☐	45 + 28 − 3 = ☐	35 + 48 − 2 = ☐	72 − 35 + 2 = ☐
42 + 29 − 6 = ☐	72 − 49 + 6 = ☐	41 − 16 + 3 = ☐	66 − 49 + 2 = ☐
59 + 35 − 3 = ☐	64 − 37 + 1 = ☐	23 − 17 + 2 = ☐	69 + 15 − 4 = ☐
54 + 29 − 2 = ☐	94 − 68 + 1 = ☐	44 + 39 − 2 = ☐	26 − 19 + 1 = ☐
92 − 55 + 1 = ☐	67 + 25 − 1 = ☐	67 + 25 − 1 = ☐	67 + 25 − 1 = ☐
52 − 38 + 3 = ☐	78 + 17 − 2 = ☐	48 + 17 − 3 = ☐	68 + 19 − 2 = ☐

Rechengeschichten

100

Zehnerübergang
ZE ⊖ ZE

Ina hat 43 Euro in ihrem Geldbeutel.
An der Kasse muss sie 26 Euro bezahlen.
Wie viel Euro hat sie danach noch in ihrem Geldbeutel?

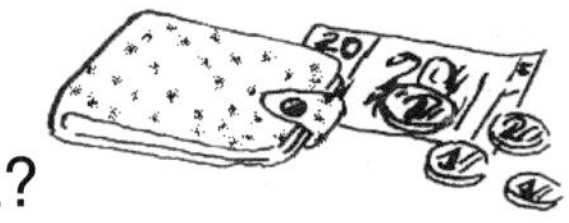

Wir rechnen:

Wir antworten: ______________________

Die Verkäuferin zählt die Süßigkeiten im Regal an der Kasse.
Dort liegen noch 46 Kokosriegel, 26 Nussriegel und 19 Karamelriegel.
Wie viele süße Riegel liegen im Regal?

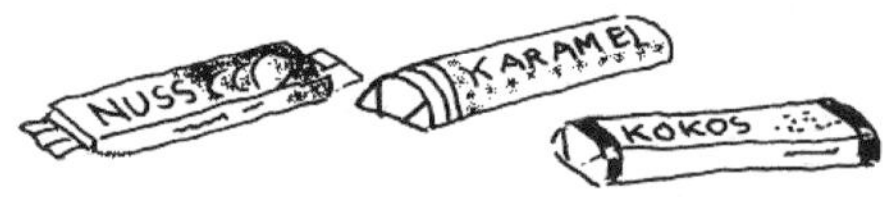

Wir rechnen:

Wir antworten: ______________________

Am Obststand liegen 97 rote Äpfel. Als der Verkäufer am Morgen kontrolliert, merkt er, dass 39 Äpfel schlecht geworden sind. Er wirft sie weg.
Wie viele gute Äpfel hat er noch?

Wir rechnen:

Wir antworten: ______________________

Evis Mutter kauft einen Vorrat an Mini-Schokoladentafeln. Sie nimmt 36 Stück mit.
Von Evis Lieblingsschokolade Nougat nimmt sie noch 25 Stück extra mit.
Wie viele Mini-Schokoladentafeln kauft die Mutter?

Wir rechnen:

Wir antworten: ______________________

An der Wursttheke liegen 72 Grill-Würstchen im Sonderangebot.
Ruth plant für den Abend ein Lagerfeuer und nimmt 35 Würstchen mit.
Wie viele Würstchen bleiben an der Theke liegen?

Wir rechnen:

Wir antworten: ______________________

An der Backtheke gibt es noch 52 Krapfen.
Der Backofen klingelt. 39 weitere Krapfen sind fertig.
Wie viele Krapfen gibt es jetzt an der Theke?

Wir rechnen:

Wir antworten: ______________________

Kistler/Schneider: Rechnen ohne Stolperstein, Band 3B. Illustrationen: Kristina Klotz

Rechengeschichten

100

Zehnerübergang
ZE ⊘ ZE

Isabel hat ihr Sparschwein zerschlagen. Es waren 41 Euro darin.
Zu ihrem Fest kauft sie für 9 Euro Süßigkeiten.
Für Getränke gibt sie 13 Euro aus. Wie viel Euro hat sie noch?

Wir rechnen: □□ ○ □□ ○ □□ ○ □□

Wir antworten: ____________________

Nicki hat zum Geburtstag von seiner Tante 25 Euro bekommen. Seine Großmutter schenkt ihm 20 Euro. Er lädt seinen Bruder Coco und zwei Freunde zum Eisessen ein.
Dafür bezahlt er 16 Euro. Wie viel Euro bleiben von seinem Geburtstagsgeld übrig?

Wir rechnen: □□ ○ □□ ○ □□ ○ □□

Wir antworten: ____________________

Joachim besorgt einen Vorrat an Getränken.
Er kauft 15 Flaschen Cola, 12 Flaschen Orangensaft und 15 Flaschen Apfelsaft.
Wie viele Getränkeflaschen kauft er?

Wir rechnen: □□ ○ □□ ○ □□ ○ □□

Wir antworten: ____________________

Ich denke mir eine Zahl:
Die Zahl ist um 26 kleiner als 93.

□□ ○ □□ ○ □□

Wir antworten: ____________________

Ich denke mir eine Zahl:
Wenn ich zu dieser Zahl 27 dazurechne, kommt 92 heraus.

□□ ○ □□ ○ □□

□□ ○ □□ ○ □□

Wir antworten: ____________________

Ich denke mir eine Zahl:
Ich zähle 38 dazu. Dann ziehe ich 51 ab.
Jetzt kommt 0 heraus.

□□ ○ □□ ○ □□

□□ ○ □□ ○ □□

Wir antworten: ____________________

Finde Aufgaben: Die drei Freunde helfen dir!

100

Gemischte Aufgaben

45 36 81

□□ ○ □□ ○ □□
□□ ○ □□ ○ □□
□□ ○ □□ ○ □□
□□ ○ □□ ○ □□

58 29 87

□□ ○ □□ ○ □□
□□ ○ □□ ○ □□
□□ ○ □□ ○ □□
□□ ○ □□ ○ □□

28 63 35

□□ ○ □□ ○ □□
□□ ○ □□ ○ □□
□□ ○ □□ ○ □□
□□ ○ □□ ○ □□

19 71 52

□□ ○ □□ ○ □□
□□ ○ □□ ○ □□
□□ ○ □□ ○ □□
□□ ○ □□ ○ □□

18 + 19 = 37
□□ + □□ = □□
□□ − □□ = □□
□□ = □□ + □□

Findest du das Lösungswort?

76 − 9 = □□	23 + 68 = □□	81 − 22 = □□	56 + 6 = □□	91 − 86 = □□
75 + 8 = □□	42 − 38 = □□	36 − 19 = □□	26 − 17 = □□	46 − 17 = □□
54 − 15 = □□	69 + 5 = □□	27 + 27 = □□	66 + 15 = □□	52 − 3 = □□
61 − 5 = □□	21 − 19 = □□	89 + 5 = □□	64 − 7 = □□	47 + 24 = □□
49 + 37 = □□	57 + 6 = □□	82 − 5 = □□	37 + 59 = □□	58 + 39 = □□
88 + 7 = □□	93 − 8 = □□	36 − 8 = □□	78 + 9 = □□	71 − 6 = □□

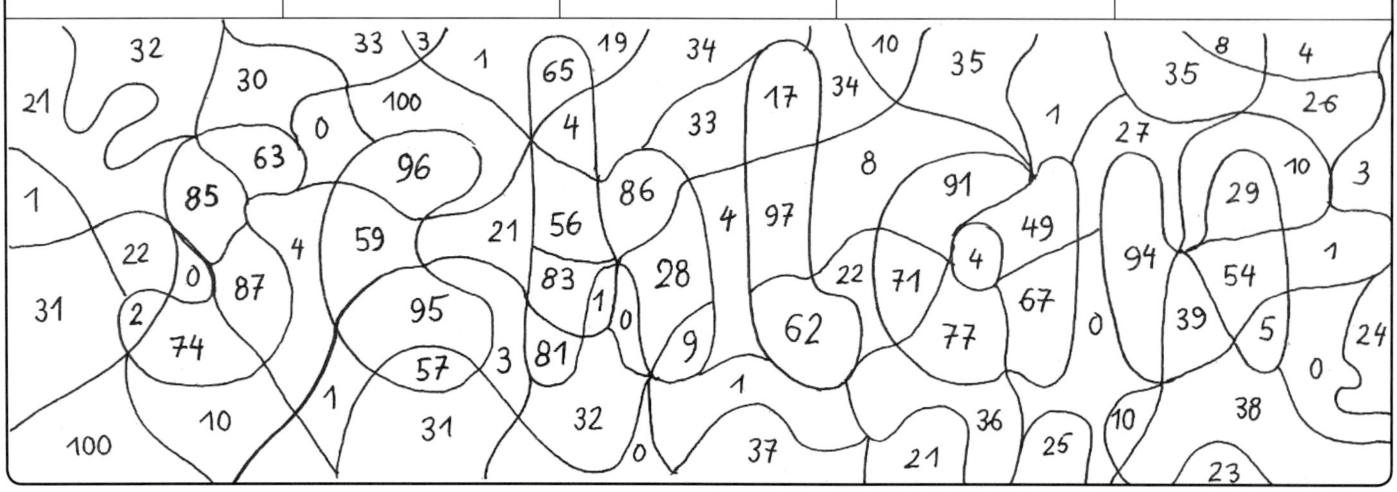

Kistler/Schneider: Rechnen ohne Stolperstein, Band 3B. Illustrationen: Kristina Klotz

Verbinde: Immer 2 Aufgaben haben das gleiche Ergebnis!

100

Gemischte Aufgaben

76 + 9 =	71 − 58 =		
4 + 9 =	92 − 59 =		
17 + 38 =	44 + 46 =		
78 − 19 =	100 − 15 =	48 − 27 =	100 − 46 =
40 − 7 =	61 − 6 =	65 + 3 =	17 + 4 =
12 + 6 =	18 + 39 =	17 + 37 =	59 + 9 =
92 − 35 =	99 − 40 =	8 + 4 =	25 + 26 =
63 + 27 =	9 + 9 =	55 − 4 =	71 − 59 =

Gut nachdenken!

62 + 38 = ☐☐	63 − 35 = ☐☐	76 + 13 = ☐☐	29 + 46 = ☐☐	78 − 9 = ☐☐
78 − 26 = ☐☐	57 − 5 = ☐☐	17 + 6 = ☐☐	29 − 5 = ☐☐	4 + 9 = ☐☐
31 − 15 = ☐☐	58 + 31 = ☐☐	95 + 3 = ☐☐	51 − 6 = ☐☐	92 − 35 = ☐☐
43 − 22 = ☐☐	60 − 45 = ☐☐	24 + 48 = ☐☐	61 + 9 = ☐☐	37 − 27 = ☐☐
89 + 1 = ☐☐	42 + 32 = ☐☐	40 − 14 = ☐☐	44 − 20 = ☐☐	8 + 15 = ☐☐

Ein Ergebnis – viele Aufgaben: Finde eine passende Rechnung!

☐☐ ○ ☐☐ = 51	☐☐ ○ ☐☐ = 47
☐☐ ○ ☐☐ ○ ☐☐	☐☐ ○ ☐☐ ○ ☐☐
☐☐ ○ ☐☐ ○ ☐☐	☐☐ ○ ☐☐ ○ ☐☐
☐☐ ○ ☐☐ ○ ☐☐	☐☐ ○ ☐☐ ○ ☐☐
☐☐ ○ ☐☐ ○ ☐☐	☐☐ ○ ☐☐ ○ ☐☐
☐☐ ○ ☐☐ ○ ☐☐	☐☐ ○ ☐☐ ○ ☐☐

Verdoppeln 

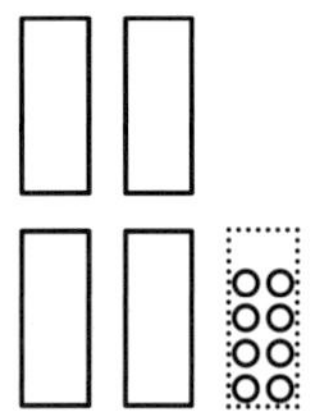

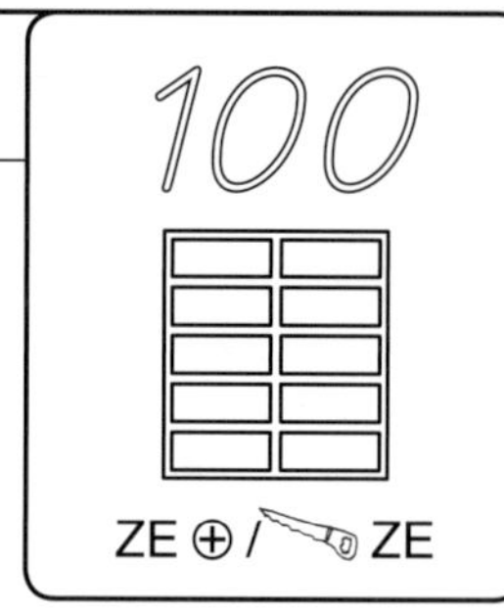

48 ⊕ 48 ⊜ [ ]

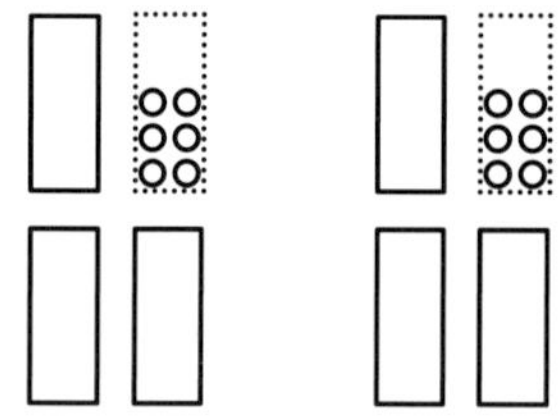

36 ⊕ [ ] ⊜ [ ]

15 ⊕ [ ] ⊜ [ ]	44 ⊕ [ ] ⊜ [ ]	46 ⊕ [ ] ⊜ [ ]	8 ⊕ [ ] ⊜ [ ]
30 ○ [ ] ○ [ ]	27 ○ [ ] ○ [ ]	17 ○ [ ] ○ [ ]	38 ○ [ ] ○ [ ]
16 ○ [ ] ○ [ ]	25 ○ [ ] ○ [ ]	45 ○ [ ] ○ [ ]	42 ○ [ ] ○ [ ]
33 ○ [ ] ○ [ ]	39 ○ [ ] ○ [ ]	28 ○ [ ] ○ [ ]	19 ○ [ ] ○ [ ]
29 ○ [ ] ○ [ ]	18 ○ [ ] ○ [ ]	9 ○ [ ] ○ [ ]	24 ○ [ ] ○ [ ]
47 ○ [ ] ○ [ ]	40 ○ [ ] ○ [ ]	37 ○ [ ] ○ [ ]	49 ○ [ ] ○ [ ]

Halbieren 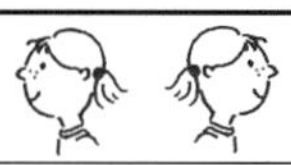

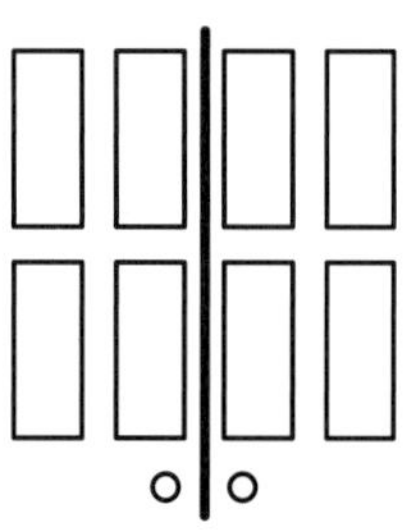

82 ⊜ [ ] ⊕ [ ]

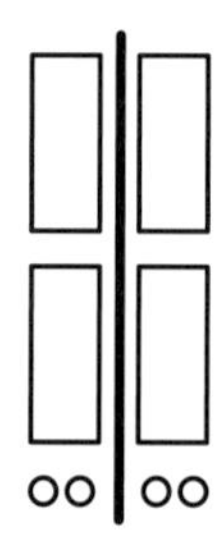

44 ⊜ [ ] ⊕ [ ]

22 ⊜ [ ] ⊕ [ ]	76 ⊜ [ ] ⊕ [ ]	90 ⊜ [ ] ⊕ [ ]	96 ⊜ [ ] ⊕ [ ]
52 ○ [ ] ○ [ ]	34 ○ [ ] ○ [ ]	68 ○ [ ] ○ [ ]	56 ○ [ ] ○ [ ]
100 ○ [ ] ○ [ ]	16 ○ [ ] ○ [ ]	38 ○ [ ] ○ [ ]	48 ○ [ ] ○ [ ]
46 ○ [ ] ○ [ ]	84 ○ [ ] ○ [ ]	40 ○ [ ] ○ [ ]	54 ○ [ ] ○ [ ]
98 ○ [ ] ○ [ ]	80 ○ [ ] ○ [ ]	14 ○ [ ] ○ [ ]	50 ○ [ ] ○ [ ]
70 ○ [ ] ○ [ ]	24 ○ [ ] ○ [ ]	62 ○ [ ] ○ [ ]	10 ○ [ ] ○ [ ]

Kistler/Schneider: Rechnen ohne Stolperstein, Band 3B. Illustrationen: Kristina Klotz

Achtung: Gemischte Aufgaben!

100

Gemischte Aufgaben

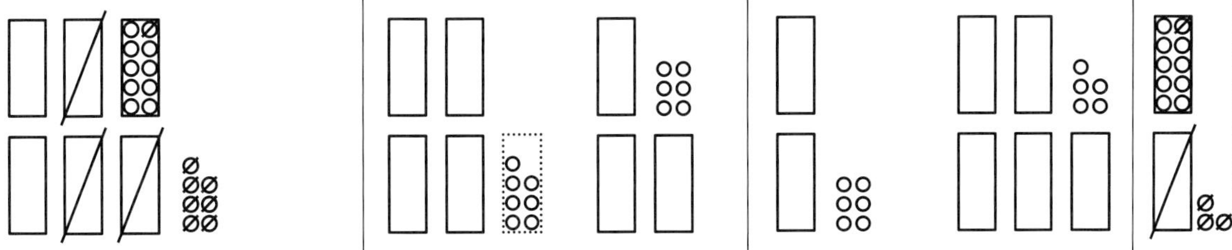

67 − 38 =	47 + 36 =	26 + 55 =	23 − 14 =

78 − 49 =	74 − 68 =	71 − 34 =	95 − 47 =	93 − 75 −
47 + 35 =	67 − 29 =	86 − 35 =	67 − 39 =	85 + 15 =
61 − 38 =	48 + 17 =	75 + 19 =	64 + 27 =	25 + 37 =
67 + 25 =	56 − 27 =	83 − 47 =	76 − 48 =	45 + 36 =
41 − 34 =	79 + 21 =	76 − 28 =	78 − 49 =	73 − 14 =
86 + 14 =	71 − 28 =	24 + 58 =	56 + 6 =	42 − 24 =

Rechne aus und male an!

91 − 17 =	87 − 19 −	72 38 =	19 + 59 =	94 − 25 =
19 + 39 =	44 + 53 =	97 − 69 =	65 − 38 =	82 − 59 =
48 − 29 =	34 − 25 =	75 − 18 =	36 + 25 =	18 + 78 =
37 + 5 =	38 + 29 =	27 + 57 =	72 − 48 =	37 + 27 =
9 + 26 =	64 − 48 =	92 − 67 =	91 − 53 =	93 − 86 =
59 + 39 =	42 + 57 =	92 − 43 =	44 + 35 =	18 + 11 =

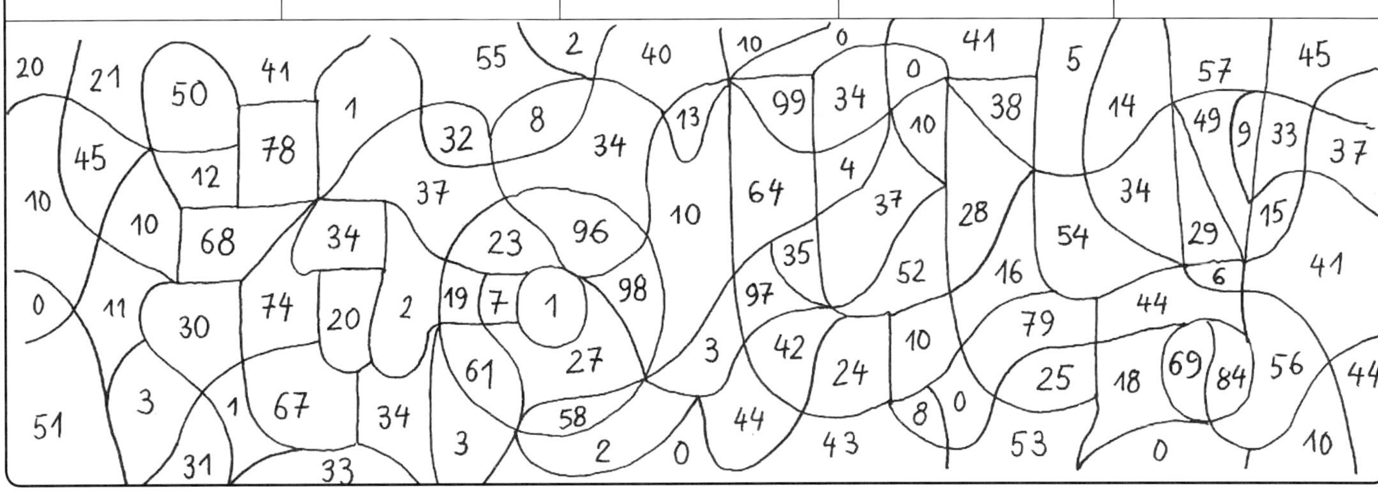

Sterne zum Rechnen!

100
Gemischte Aufgaben

Rechnen beim Einkaufen!

Kistler/Schneider: Rechnen ohne Stolperstein, Band 3B. Illustrationen: Kristina Klotz

Nur für schlaue Köpfe!

100

Gemischte Aufgaben

41 – 28 = ☐☐	82 + 13 = ☐☐	70 + 8 = ☐☐	30 + 30 = ☐☐	
97 – 35 = ☐☐	26 + 6 = ☐☐	94 – 68 = ☐☐	14 – 9 = ☐☐	
60 – 26 = ☐☐	68 + 30 = ☐☐	43 + 17 = ☐☐	58 + 39 = ☐☐	
36 + 24 = ☐☐	30 – 6 = ☐☐	22 – 10 = ☐☐	33 – 8 = ☐☐	
54 + 18 = ☐☐	70 – 69 = ☐☐	8 + 5 = ☐☐	60 – 5 = ☐☐	63 + 14 = ☐☐
79 + 1 = ☐☐	45 – 8 = ☐☐	81 – 51 = ☐☐	49 + 7 = ☐☐	50 – 20 = ☐☐
20 + 40 = ☐☐	40 – 40 = ☐☐	93 – 21 = ☐☐	80 + 1 = ☐☐	23 – 6 = ☐☐
69 + 4 = ☐☐	82 – 50 = ☐☐	13 – 5 = ☐☐	39 + 48 = ☐☐	63 – 8 = ☐☐
50 – 7 = ☐☐	90 – 67 = ☐☐	56 + 4 = ☐☐	41 + 20 = ☐☐	80 + 3 = ☐☐
26 + 57 = ☐☐	33 – 25 = ☐☐	37 + 33 = ☐☐	73 – 45 = ☐☐	75 + 2 = ☐☐
44 – 7 = ☐☐	32 + 48 = ☐☐	62 – 4 = ☐☐	45 + 9 = ☐☐	87 + 8 = ☐☐
55 + 5 = ☐☐	9 + 3 = ☐☐	20 – 7 = ☐☐	63 + 23 = ☐☐	80 – 2 = ☐☐

Fehlersuche: Streiche falsche Aufgaben aus. Trage Buchstaben der richtigen Aufgaben unten ein.

B: 35 + 41 = 86	E: 60 – 4 = 56
I: 40 – 3 = 36	S: 9 + 7 = 16
D: 45 + 46 – 91	R: 50 – 41 – 19
U: 57 – 28 = 29	K: 46 + 9 = 55
K: 34 – 11 = 23	A: 87 – 50 = 47
L: 30 + 40 = 70	I: 59 + 31 = 90
U: 26 + 9 = 35	N: 70 – 20 = 50
G: 14 – 9 = 5	O: 72 – 36 = 38
A: 34 + 52 = 76	D: 29 + 43 = 72

Lösungssatz:

☐☐ ☐☐☐☐☐☐ ☐☐☐☐

Viele Plus- und Minusaufgaben

100 – Gemischte Aufgaben

8 + 9 = ☐☐	57 + 4 = ☐☐	48 + 38 = ☐☐
84 − 57 = ☐☐	14 − 4 = ☐☐	25 + 59 = ☐☐
79 − 28 = ☐☐	48 − 34 = ☐☐	98 − 39 = ☐☐
76 − 30 = ☐☐	96 − 41 = ☐☐	70 − 40 = ☐☐
24 + 18 = ☐☐	55 − 32 = ☐☐	83 − 47 = ☐☐
30 + 60 = ☐☐	99 − 79 = ☐☐	59 + 17 = ☐☐

Ein Ergebnis – viele Aufgaben: Finde eine passende Rechnung!

☐☐ + ☐☐ = 55	☐☐ − ☐☐ = 66	☐☐ − ☐☐ ○ ☐☐
☐☐ − ☐☐ ○ ☐☐	☐☐ + ☐☐ ○ ☐☐	☐☐ + ☐☐ ○ ☐☐
☐☐ + ☐☐ ○ ☐☐	☐☐ − ☐☐ ○ ☐☐	☐☐ − ☐☐ ○ ☐☐
☐☐ − ☐☐ ○ ☐☐	☐☐ + ☐☐ ○ ☐☐	☐☐ + ☐☐ ○ ☐☐
☐☐ + ☐☐ ○ ☐☐	☐☐ − ☐☐ ○ ☐☐	☐☐ − ☐☐ ○ ☐☐

Rechentabelle

	+13	−17	+23	−22	+16	−15	+16	−19
23	36	6						
36								
45								
54								
63								
77								

Kistler/Schneider: Rechnen ohne Stolperstein, Band 3B. Illustrationen: Kristina Klotz

Aufgaben-Salat

100

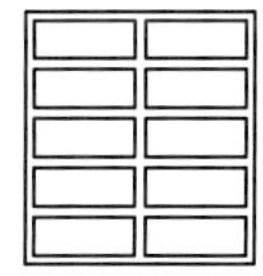

Gemischte Aufgaben

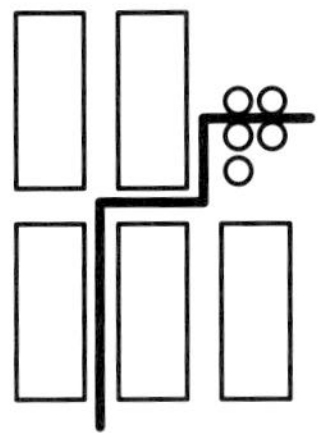

$55 = 32 + ☐$

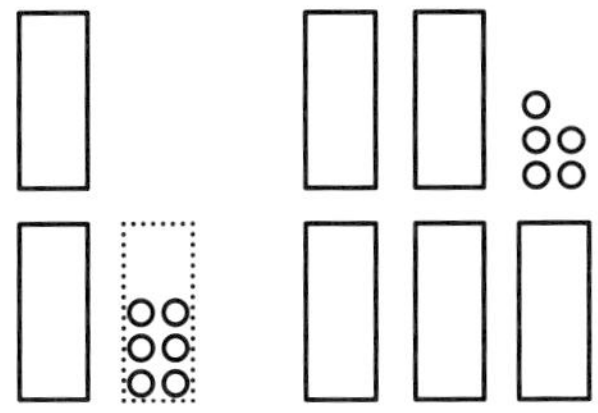

$26 + 55 = ☐$

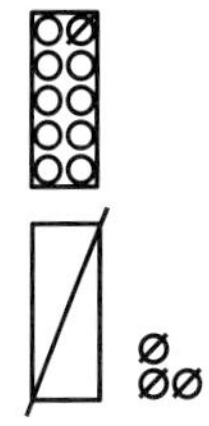

$23 - 14 = ☐$

88 − 34 + ☐	77 = 45 + ☐	66 + ☐ = 87	95 = 33 + ☐	76 − 43 = ☐
35 + ☐ = 96	40 + 50 = ☐	17 + ☐ = 68	9 + 7 = ☐	67 − 23 = ☐
53 + 11 = ☐	88 = 33 + ☐	10 + ☐ = 11	25 + 58 = ☐	42 + 27 = ☐
83 − 8 − ☐	28 + ☐ = 79	8 = ☐ + 3	41 + ☐ = 89	56 − 5 = ☐
77 = 23 + ☐	51 − 34 = ☐	73 + 27 = ☐	79 = 35 + ☐	46 + ☐ = 98
24 + 69 = ☐	86 + 6 = ☐	14 − 7 = ☐	86 − 38 = ☐	37 + ☐ = 69

Male die Ergebnisfelder aus!

69 = 63 + ☐	41 + ☐ = 79	77 − 13 = ☐	99 = 86 + ☐	87 = 81 + ☐
44 + 39 = ☐	28 + ☐ = 39	20 + ☐ = 27	67 − 19 = ☐	85 + 14 = ☐
69 = 54 + ☐	49 + ☐ = 50	75 + 18 = ☐	67 + 27 = ☐	25 + 75 = ☐
22 + ☐ = 69	50 = 40 + ☐	83 − 46 = ☐	70 − 9 = ☐	45 + ☐ = 50
38 − 9 = ☐	3 + 9 = ☐	78 = 12 + ☐	41 + ☐ = 78	19 = 10 + ☐
86 + 5 = ☐	76 − 46 = ☐	24 + 46 = ☐	52 + ☐ = 68	46 − 8 = ☐

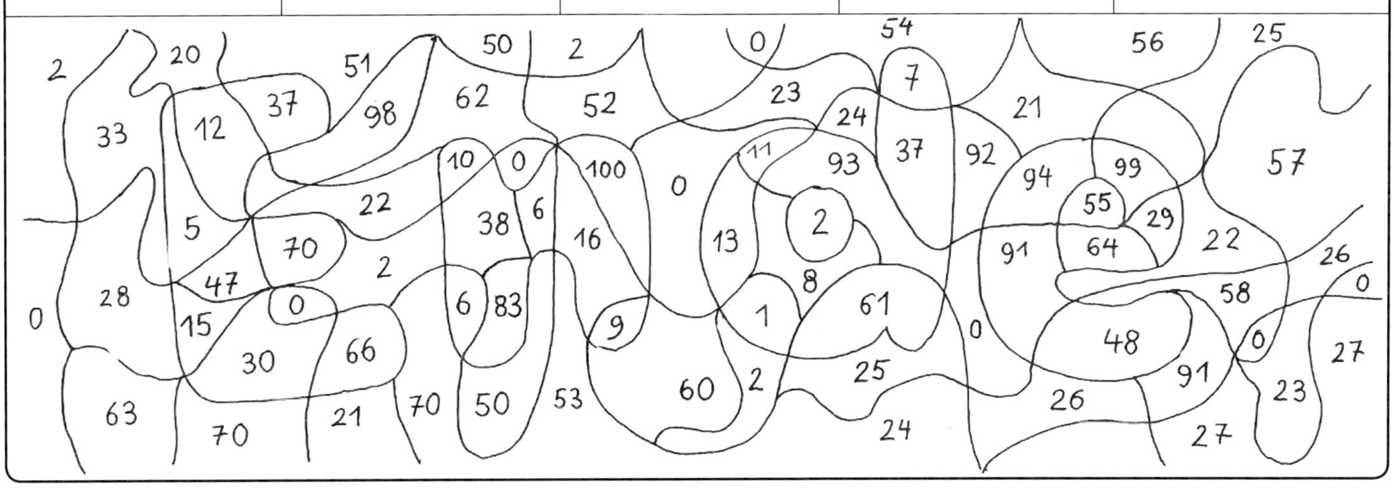

Hunderter-Tafel

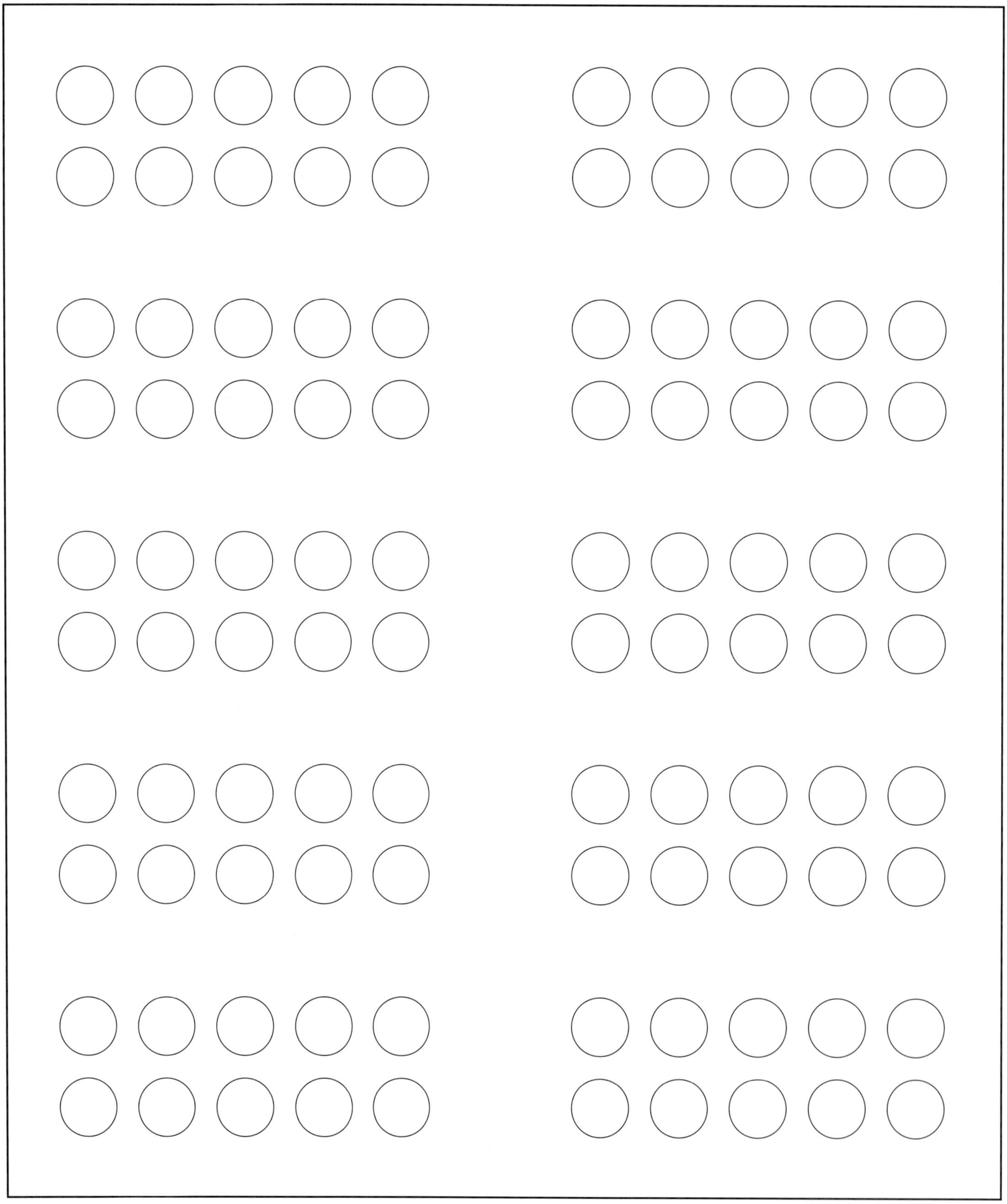

Kistler/Schneider: Rechnen ohne Stolperstein, Band 3B. Illustrationen: Kristina Klotz

Ratgeber und Praxishilfen
Kreative Impulse und konkrete Unterstützung

Lehrwerkunabhängige Materialien, die Sie im pädagogischen Alltag spürbar entlasten:

- **Ratgeber** zu allen aktuellen Themen rund um Ihren Unterrichts- und Schulalltag
- **Fachliteratur** zur Methodik und Didaktik – für angehende sowie für erfahrene Lehrkräfte
- **Methodenbücher**, (Lern-)Spiele und Rätselsammlungen – für Ihr Fach sowie fachübergreifend
- **Übungen** zum Wiederholen und Festigen von Inhalten
- **Kopiervorlagen** zu allen gängigen Lehrplanthemen, Kompetenzbereichen und für Vertretungsstunden

Online mehr erfahren:
crnl.sn/unterrichtshilfen

Bibliothek der Mediengestaltung

Konzeption, Gestaltung, Technik und Produktion von Digital- und Printmedien sind die zentralen Themen der Bibliothek der Mediengestaltung, einer Weiterentwicklung des Standardwerks Kompendium der Mediengestaltung, das in seiner 6. Auflage auf mehr als 2.700 Seiten angewachsen ist. Um den Stoff, der die Rahmenpläne und Studienordnungen sowie die Prüfungsanforderungen der Ausbildungs- und Studiengänge berücksichtigt, in handlichem Format vorzulegen, haben die Autoren die Themen der Mediengestaltung in Anlehnung an das Kompendium der Mediengestaltung neu aufgeteilt und thematisch gezielt aufbereitet. Die kompakten Bände der Reihe ermöglichen damit den schnellen Zugriff auf die Teilgebiete der Mediengestaltung.

Weitere Bände in der Reihe http://www.springer.com/series/15546

Peter Bühler
Patrick Schlaich
Dominik Sinner

Präsentation

Konzeption – Design – Medien

Springer Vieweg

Peter Bühler
Affalterbach, Deutschland

Patrick Schlaich
Kippenheim, Deutschland

Dominik Sinner
Konstanz-Dettingen, Deutschland

ISSN 2520-1050 ISSN 2520-1069 (electronic)
Bibliothek der Mediengestaltung
ISBN 978-3-662-55515-6 ISBN 978-3-662-55516-3 (eBook)
https://doi.org/10.1007/978-3-662-55516-3

Die Deutsche Nationalbibliothek verzeichnet diese Publikation in der Deutschen Nationalbibliografie; detaillierte bibliografische Daten sind im Internet über http://dnb.d-nb.de abrufbar.

Springer Vieweg

Springer Vieweg ist ein Imprint der eingetragenen Gesellschaft Springer-Verlag GmbH, DE und ist ein Teil von Springer Nature
Die Anschrift der Gesellschaft ist: Heidelberger Platz 3, 14197 Berlin, Germany